NUEVA REALIDAD NUEVO LIDERAZGO

Los retos y los cambios del liderazgo en la sociedad post COVID-19

Félix Socorro, PhD

NUEVA REALIDAD NUEVO LIDERAZGO

Los retos y los cambios del liderazgo en la sociedad post COVID-19

Félix Socorro, PhD

NUEVA REALIDAD, NUEVO LIDERAZGO

Ninguna porción de este libro puede ser reproducida o trasmitida por medios electrónicos o mecánicos, sin exclusión alguna, ya sea a través de fotocopiado, grabación, sistemas de recuperación, almacenamiento de información o cualquier otro medio existente o por existir, sin el permiso expreso del autor.

Primera edición

© 2021 by Félix Socorro, PhD

© 2023 by Félix Socorro, PhD (Contenido revisado y actualizado)

INDEPENDENTLY PUBLISHED

ISBN: 979-849-043-55-87

Revisión de Contenido: Delys Palacios

Asesor de edición: Giovanni E. Reyes Ortiz

Photo by *Ivan Samkov* from *Pexels* | No. 7213662

Disponible en Amazom.com

Dedicatoria

A *Yosemite* (†)

Agosto 2000 – abril 2016

Agradecimiento

Al *Dr. Ignacio Danvila del Valle* —quien es un reconocido y valorado profesor de la *Universidad Complutense de Madrid*—, las reflexiones académicas, profesionales y personales que sostuvimos en los momentos más exigentes de la cuarentena, cuando se gestó el contenido de este libro.

Así mismo quiero agradecer a *Delys Palacios* por todo el apoyo y la dedicación que constantemente me ofreció al revisar y corregir el contenido del libro.

Finalmente, y no menos importante, quiero agradecer los comentarios y aportes ofrecidos por el *Dr. Giovanni E. Reyes Ortiz*, quien ha sido el asesor editorial *ad honorem* de este contenido.

CONTENIDO

Al lector *11*

TEMA I.

El liderazgo de ayer: una visión retrospectiva

- Liderazgo por herencia *15*
- Paradigmas dominantes *35*
- ¿El fin de una era? *41*

TEMA II.

El liderazgo contemporáneo: una visión crítica

- Entre líderes y seguidores *55*
- El liderazgo sobrevaluado *65*
- No todos pueden ser líderes *73*

TEMA III.

El próximo liderazgo: retos y propuestas

- Nueva realidad ¿nuevo liderazgo? *81*

- El seguidor evolucionado *101*
- Del líder unipersonal al liderazgo colectivo 115

TEMA IV.

El nuevo liderazgo después del COVID-19

- Competencias deseadas, mostradas e ignoradas *123*
- La fórmula del liderazgo post COVID-19 *133*
- Entre el caos y la turbulencia *143*

TEMA V.

Reflexiones finales *175*

GLOSARIO DE TÉRMINOS *187*

FUENTES CONSULTADAS *189*

Al lector

Es importante subrayar que, a lo largo de experiencias —tanto académicas como profesionales—, se ha analizado y discutido el concepto y la visión del liderazgo en diferentes escenarios y circunstancias y, como consecuencia de la pandemia, se ha procurado reflexionar sobre este tema a la luz de lo que se ha llamado la sociedad post COVID-19.

En cada tema de este libro se exploran, de una manera razonada, los temas que parecieron pertinentes al momento de idear, desarrollar y escribir esta obra, construida sobre la base de en una investigación independiente y lo más objetiva posible.

No existe la más mínima pretensión de considerar el contenido de este libro como un conjunto de verdades, en su lugar, cada una de sus partes debe ser observada como un conjunto de opiniones destinadas a impulsar una discusión que permita el intercambio de ideas, el establecimiento de posturas, la concesión de algunos aspectos y el cuestionamiento a otros, con la única finalidad de agregar valor e impulsar la generación de nuevo conocimiento a través del pensamiento crítico, el análisis, el razonamiento lógico y sustentado.

Algunas expresiones y conclusiones aquí expuestas han sido producto del intercambio social, académico y laboral obtenido de primera mano. De horas enteras revisando y analizando publicaciones, así como producto de la experiencia aportada la cotidianidad. También han sido el resultado del análisis crítico de la realidad pasada, presente y proyectada, sin pretender con ello que los planteamientos expuestos sean considerados verdades absolutas.

Parte I

El liderazgo de ayer: una visión retrospectiva

- Liderazgo por herencia
- Paradigmas dominantes
- ¿El fin de una era?

FÉLIX SOCORRO, PhD

1 | Liderazgo por herencia

Hablar de liderazgo es un tema recurrente tanto en las aulas de clases como en las organizaciones.

Liderar pasó de ser una actitud de pocos para convertirse en una exigencia para muchos. Pero ¿cómo llegamos al liderazgo que hoy practicamos y entendemos como una *competencia* estándar?

Este capítulo intenta recopilar, de manera sucinta, los aspectos históricos que han modelado el ejercicio del liderazgo como lo conocemos hoy, afianzándose en las distintas prácticas que han servido como base para interpretarlo y que han sido heredadas por generaciones a lo largo del tiempo.

No se pretende abarcar en su totalidad todo el aspecto histórico, social y cultural que han servido de ingredientes en tan compleja dinámica, no obstante, se espera ofrecer una visión, lo suficientemente clara, para comprender las raíces del paradigma actual que permite identificar a un líder y diferenciarlo de sus seguidores.

El origen divino de los líderes

No puede obviarse la influencia que las creencias religiosas y algunos mitos han tenido en la manera de ver, entender y ejercer el liderazgo.

Desde una perspectiva histórica, las creencias religiosas han sido la base para determinar el poder y el alcance de los líderes.

A continuación, se destacarán en orden cronológico, la relación que posee el aspecto divino con el ejercicio del líder, desde la civilización Sumeria, la cual se presume existió unos 5.000 años a.C., hasta un poco más allá de la civilización romana, la cual se ubica unos 750 años a.C.

Civilización Sumeria (del 3.000 a 2.350 a.C.)

Uno de los registros más antiguos que se posee con relación al ejercicio del liderazgo, bajo una visión religiosa, se ubica en la antigua Sumeria, en la figura de *Gilgamesh*.

Como se sabe, por un conjunto de tablillas de origen sumerio que fueron descubiertas en 1853 y que contienen lo que ahora se conoce como el *Poema de Gilgamesh*, o bien, como la *Epopeya de Gilgamesh*. Se creía que este mítico rey de la ciudad de Uruk tenía tres cuartas partes de divinidad en su persona porque era hijo de la diosa *Ninsu* y del rey heroico de Uruk llamado *Lugalbanda* que a su vez era hijo de una diosa y que más tarde fue divinizado también.[1]

Al describir a Gilgamesh como un ser con tres cuartas partes divinas, aunque no se hable de una religión en particular, puede inferirse la presencia de al menos una cosmovisión en donde los dioses, sean cuales sean, han transmitido su divinidad al relacionarse con humanos y ésta ha quedado como herencia en su descendencia.

El poema [2] describe a *Gilgamesh* como una persona de gran tamaño, de 5.6 metros de altura y, debido a su composición divina, se dice que hablaba y se movía entre los dioses como si se tratara de uno más de ellos.

Dada las características súper humanas del personaje y la manera en que interactuaba con las deidades, permite suponer que ese relato puede ser una de las fuentes de donde proviene la idea de imaginar al líder como una persona que sobresale de los demás, ya sea por su tamaño, fuerza o destreza, y que un líder posee tanta autoridad y poder que es difícil superarlo.

El poema de *Gilgamesh* destaca su búsqueda por la inmortalidad y por todas las vicisitudes que experimenta, es posible descubrir en su lectura a la figura incansable del líder por lograr sus objetivos y enfrentarse con valentía y decisión a los obstáculos que ello representa.

Civilización Egipcia (3000 años a.C.)

La figura del liderazgo, envuelto en el velo de la divinidad, también puede encontrarse en la civilización egipcia, donde el faraón era visto como la representación de los dioses en la Tierra y el único intermediario entre los humanos y lo divino, por lo que se le rendía culto y se le temía, lo que también podría ser uno de los orígenes que asocian a líder envestido de poder y cuya autoridad no puede ser desafiada ni cuestionada.

También puede ser asociada a la figura del faraón la visión del orden estructural, la manera de administrar los bienes y la capacidad de impartir justicia, ya que se sabe que tales atribuciones eran funciones propias de esa posición en el antiguo Egipto.

Civilización India (3.000 años a.C.)

La historia y mitología de la India no es del todo clara o completa, hay mucho contenido que no ha sido encontrado aún, no obstante, el material existente puede ofrecer una idea de cómo eran observados sus líderes y los orígenes o favores divinos con los que ellos contaban.

Un relato antiguo señala a un gobernante con cualidades sobrenaturales, se trata de *Vali*, quien fue el rey de *Kishkindha*. Este gobernante habría adquirido fama por la bendición que había recibido de *Vishnú*, la cual hacía que cualquiera que fuera en contra de él se quedara sólo con la mitad de sus ejércitos; esta bendición lo hacía prácticamente invulnerable a la mayoría de los enemigos.[3]

En este corto relato destacan dos características religiosas importantes asociadas al liderazgo, la primera consiste en la posición de rey, el cual recibe la bendición de una deidad, lo que lo acerca a lo divino. Y la segunda a un poder superior al resto de los mortales con los que convive, lo que infunde miedo y respeto y, a la vez, describe cuáles serán las consecuencias si alguien decide enfrentarlo.

Civilización Griega (2.000 años a.C.)

Es sabido que la historia de Grecia es amplia e inspiradora, llena de relatos históricos y mitológicos que se combinan con su rica variedad de mitos y leyendas en una narrativa emocionante y cautivadora.

Si bien Grecia contó con la presencia de figuras reales que no necesariamente fueron exageradas con dotes sobrenaturales, como lo es el caso de *Themístocles*, quien destaca en la historia de la Grecia antigua; no es posible hablar de la Grecia antigua sin nombrar la destacada figura de Aquiles.

De acuerdo con la narrativa y mitología griega, Aquiles fue sumergido por su madre en la laguna *Estigia*, ya que sus aguas otorgaban la inmortalidad.

También se dice que su madre, Tetis, sabía que su hijo estaba destinado a grandes hazañas, por lo que, temiendo a que no llegara a superar la etapa adulta, procuró protegerlo con dicha acción.

Si bien es cierto que, a diferencia de las culturas antes mencionadas, Aquiles no fue rey ni gobernante; no es menos cierto que su figura como líder es indiscutible.

Lo mismo ocurre con su relación con el aspecto religioso, el cual está más asociado a las creencias propias de la cultura griega que a una relación en sí, pues se sabe que, en esa época, se creía que las aguas de la laguna Estigia conducían al Averno.

Pero, no puede obviarse el hecho de que Quirón, un centauro, fue quien educó a Aquiles. Adicionalmente, Quirón era su bisabuelo y también había educado, gracias a su sabiduría, a algunos dioses.

Es aquí donde encontramos el patrón recurrente que asocia a los líderes con lo divino o supernatural. Se sabe que Quirón era hijo de Cronos, quien a su vez era hijo de Urano y Gea. Si Quirón era bisabuelo de Aquiles, éste tenía un origen que podía ser rastreado hasta una entidad divina, por ende, una parte de él también lo era.

Civilización China (del 1600 al 1046 a.C.)

Siendo China una de las civilizaciones más antiguas cuyos rasgos en alguna medida aún subsisten, es mucho lo que puede encontrarse en cuanto a su historia y orígenes, aunque no todos los historiadores parecen estar de acuerdo con ciertos datos, en especial aquellos que no pueden ser considerados completamente históricos ni completamente míticos.

Se sabe que después de varios periodos, entre los años 2070 y 1600 a.C., aproximadamente; se estableció una dinastía denominada *Xia*, de ella se dice que la sucesión se daba de padre a hijo y que durante ese periodo reinaron un total de 17 reyes de «mandato celeste» (o de potestad divina) por un total de 417 años.

En uno de los relatos se mezcla lo real con lo imaginario, al asegurar que *Bu Jiang* —uno de los reyes—, abandonó el trono y se lo dejó a su hermano, y que *Kong Jia* sirvió a demonios y duendes, fue inmoral y había adorado a *Shang-ti*, el dios supremo de los *Shang*.[4]

Como puede observarse, la presencia de la divinidad y su relación con el poder están presentes en esta breve reseña de la dinastía Xia, en el cual se destaca que los reyes tenían potestades divinas y se le atribuye a uno de ellos el servicio a entidades demoníacas, además de la inmortalidad.

Esa noción de la divinidad, iluminación o representación de un algo superior que va más allá de las habilidades humanas todavía ronda el imaginario popular, donde se otorgan características sobrenaturales a personas que han ejercido o ejercen el liderazgo.

Civilización Persa (1.500 años a.C.)

En esta civilización se observa la misma línea de las predecesoras, el rey o soberano no es dios, pero lo representa y es responsable de cumplir y hacer cumplir su voluntad en la Tierra.

Como puede deducirse, quien tenía el poder de regir lo hacía con la gracia y el apoyo de su dios *Ahura Mazda*, y por ende sus decisiones no podían ser cuestionadas.

Civilización Inca (de 1438 a 1533 d.C.)

Los Incas elegían a sus gobernantes a través de rituales donde tenían que demostrar sus capacidades físicas y morales, sin embargo, una vez elegido el más apto, se asumía que tales destrezas estaban asociadas a los dioses, lo que les otorgaba una condición especial a sus líderes.[5]

Civilización Azteca (de 1325 a 1521 d.C.)

Para los aztecas, los guerreros representaban una figura importante gracias a su valentía y fiereza, entre ellos se destacan *Tepoztecatl*, *Yaotl* y *Toueyo*, quienes eran semidioses y realizaron hazañas extraordinarias.

Civilización Olmeca (1.200 años a.C.)

Esta civilización mesoamericana, al igual que las anteriores, poseía una visión teológica de sus gobernantes, quienes estaban directamente vinculado a sus dioses y por ende los representaban.

Civilización Maya (1.000 años a.C.)

Como se ha observado hasta el momento, los mayas también mostraron una visión teológica de sus gobernantes, quienes se adjudicaban ser hijos directos de los dioses y, gracias a su linaje, estaban habilitados para regir el destino de su pueblo con toda la grandeza que ello significara.

Civilización Romana (del 753 a.C. al 476 d.C.)

El caso de imperio romano difiere en esencia de los anteriores, esto debido a que César Augusto, su primer emperador, aun cuando solicitó el título de *Augustus*, para incrementar su poder, no aceptó ser divinizado en vida, por lo que no existe, desde el punto de vista histórico o mítico, una relación con entidades supernaturales que le aportaran un sitial sobrehumano.

No obstante, César Augusto exigió que se guardara culto a la figura del emperador, por lo tanto, se le veneraba más allá de ser la máxima autoridad de Roma sin ascendencia divina. [6]

En el presente persiste la idea de guardar culto al líder.

La herencia divina y su trascendencia

Ahora bien, en ese breve pasaje no se han explorado todas las civilizaciones cuya religión o mitología pudieron haber o no moldeado la imagen que aún se posee de la figura del líder y cómo debe ser su liderazgo, pero queda claro que en los últimos 4.500 años, desde una perspectiva mesurada, el líder ha estado vinculado al ejercicio de poder como consecuencia de la intervención divina de la que es parte o con la cual se encuentra vinculado de alguna manera, situación que lo ubica en un peldaño superior al de sus coterráneos, enemigos y seguidores.

No es posible afirmar que en todos los casos las civilizaciones desarrollaron este vínculo entre lo divino y el ejercicio de poder. Sin embargo, se tendría evidencia que, en las culturas más conocidas, se ve una clara inclinación a tan particular relación.

Un ejemplo de ello se encuentra en Japón, a mediados del siglo XX, donde aún se observaba al emperador como un representante de Dios en la Tierra.

Y en el presente siglo, también pueden observarse vestigios como los señalados, un ejemplo de ello es la figura del Papa, principal representante de la Iglesia Católica, quien, aunque es elegido por votación y méritos, una vez nombrado como Sumo Pontífice, es observado como el enlace principal entre Dios y los hombres.

Es el mismo caso de algunas monarquías que todavía hoy existen —no de las existentes en países democráticos desarrollados como España o Gran Bretaña—, donde su derecho divino a ejercer el reinado no es tema de discusión, se da por hecho.

Con base en todo lo anterior puede decirse que los pueblos han heredado una visión del líder que persigue disociarlo del común, con una significativa predisposición a divinizarlo.

Esta tendencia no se observa exclusivamente en las expresiones populares. También podemos observar en quienes pretenden ocupar una posición de liderazgo, la creación de una autoimagen que los diviniza y los excluye del común.

En algunos países latinoamericanos, la figura del líder tiende a ser tan magnificada que, en ocasiones, se han modificado oraciones cristianas para ajustarlas a la personalidad de quien dirige a un país, movimiento o acción.

Consecuencias generales de la herencia mística

No es de extrañar que, si el líder es observado como una figura cuasi divina, su liderazgo ofrezca algún tipo de excesos que terminan considerándose normales e, incluso, característicos de quien lo ejerce.

Entre las principales consecuencias de la herencia mística y sobrenatural del líder se encuentran, entre otras, las siguientes expresiones:

1. **Se hace lo que el líder dice**: Este tipo de pensamiento lineal y exagerado puede identificarse en cualquier organización o grupo, sin distingo de raza, credo o condición. La herencia divina del liderazgo condicionó la forma racional de observar las decisiones y,

como resultado, se tiende a asumir que la visión del líder suele ser la correcta y se actúa en consecuencia. Si bien es cierto que esta forma de poder de decisión y mando se cuestiona mucho en la sociedad contemporánea, no es menos cierto que no ha sido totalmente erradicada, de vez en cuando se escucha a un líder destacar la posición que ocupa y el poder que ello le aporta, desde el padre de familia hasta el dueño de una empresa, desde un político hasta el rector de una universidad, todos se ven tentados a decir en algún momento, con más o menos palabras: «quien manda soy yo, haga lo que yo le diga».

2. **Se muestra obediencia y/o respeto en todo momento**: Dada su posición se asume que, aunque parezca o sea injusto, el líder «sabe lo que hace» y por ello no es prudente cuestionar sus decisiones, órdenes o estrategias.

3. **Se muestra lealtad incondicional**: Dada su posición el líder no puede tener más que seguidores fieles y leales, capaces incluso de

sacrificarse por él si es necesario, salvaguardar su seguridad, comodidad, e incluso, la vida, sin importar los sacrificios que ello exija.

Estas expresiones, aunque pueden parecer anacrónicas en algunos casos, no son nada exageradas, basta con hacer una pequeña revisión de la experiencia académica, laboral o secular que se haya podido tener para ubicar, en el inmediato, algún ejemplo que las ilustre.

Aunque no puede decirse que ha sido únicamente la cosmovisión que se posee del líder y su relación con lo divino lo que ha creado la tendencia a considerarlo una entidad superior a la que se le debe respeto, obediencia y lealtad; tampoco puede negarse que es posible rastrear en la historia, tanto antigua como contemporánea, una significativa influencia que pareciera moldear la figura de algunas expresiones de liderazgo, en especial aquellas asociadas al carisma, donde el líder destaca por su don de palabra, actitud, irreverencia o rectitud, sin que medie ninguna característica asociada a competencias específicas desarrolladas por terceros, siendo él o ella la única fuente responsable de su estilo al liderar.

No obstante, no puede omitirse que en los Estados premodernos se sigue al líder gracias a su carisma. En los modernos la tendencia se inclina hacia las instituciones, las leyes y las normas sociales. Finalmente, en los Estados posmodernos las sociedades entienden que es necesario ceder soberanía, aunque no puede decirse que tales tendencias se cumplen en su totalidad.

FÉLIX SOCORRO, PhD

2 | Paradigmas dominantes

Como se ha visto, existe un lazo entre la divinidad y el liderazgo que no puede ser ignorado, generalmente asociado a la existencia o no de creencias religiosas o místicas, ya que lo anterior depende más de una herencia milenaria que de una simple expresión cultural de reciente data.

Sin embargo, esa no es la única característica que posee la visión tradicional del liderazgo, la misma está asociada a una serie de paradigmas vinculados al poder, la cultura, las creencias, la estructura social y la visión que se posea de la misma, entre otras cosas, que sirven de condiciones favorables para que se muestre un tipo de liderazgo en particular y perdure significativamente en el imaginario colectivo.

Así como algunas culturas asociaron la divinidad con el liderazgo, otras, e incluso las mismas, también consideraron como un requisito para ser identificado como un verdadero líder, el don de mando y las estrategias articuladas en batallas o en cualquier tipo de enfrentamiento armado.

Desde el punto de vista histórico, son muchos los personajes que llegaron a liderar naciones e imperios enteros gracias a su fiereza, frialdad y particular estilo de pensamiento, cuya combinación diezmó a ejércitos enteros y obligó a reyes y mandatarios a claudicar frente a ellos.

Bajo estas condiciones, el liderazgo con visos castrenses asimiló la estructura religiosa imperante en la cultura y distribuyó en estratos piramidales, la manera en que el poder era delegado, lo que ha sido, por tradición, la forma en que se entiende y se visualiza la cadena de mando en buena parte de las empresas.

No obstante, si se deben enumerar algunos de los paradigmas dominantes que están asociados a liderazgo común, independientemente de los estilos que teóricamente han sido propuestos, una aproximación a ellos sería la siguiente:

1. **El líder está al frente**: La idea del líder como guía se ha mantenido a pesar de los cambios que ha sufrido la cultura y la sociedad. El líder es quien establece el camino a seguir y la manera en que éste será seguido. Si bien en lo que respecta al líder, siempre se le coloca delante de sus seguidores, en el imaginario militar se le observa dirigiendo las tropas desde una posición que le permite observar con amplitud el campo donde se lleva a cabo la acción, lo que puede observarse en las empresas u organizaciones contemporáneas, donde se le exige a directores y gerentes guiar la operación

mientras presidentes y vicepresidentes observan en locaciones cómo se comporta el mercado y, desde ahí, orientan las estrategias que los subordinados habrán de ejecutar.

2. **El líder tiene la última palabra**: Como ocurre en los escenarios religiosos, militares y políticos, por nombrar tres de ellos, el líder suele contar con consejeros y personal de primera línea, confiables, fieles y leales, que ofrecen sus opiniones o puntos de vista con relación a algún aspecto que sea de interés y que exija una posición, decisión o acción del líder. Pero, independientemente de lo que expongan, es el líder y no ellos quien tiene la última palabra y cuya decisión será acatada. Este paradigma resulta particularmente peligroso, ya que, dada la condición humana del líder, algunas decisiones no contemplan todos los escenarios o pueden estar cargadas de emociones o sentimientos que nublan su juicio y

racionalidad. También puede haber carencia de información y conocimientos.

3. **El líder es la autoridad máxima:** Dada su posición, el líder es la última opción para escalar una consulta, queja o reclamo. No hay nadie más después de él o ella y, por lo tanto, una vez que ha sentenciado no existe otra instancia a la que se pueda recurrir. En las organizaciones esto es común, en algunos casos, cuando se acude a figuras que se suponen capaces de influir en la decisión del líder, éstas terminan refiriendo a la persona a la máxima figura o explicando que no pueden actuar por encima de ella.

Estos tres paradigmas permiten dimensionar el poder que puede llegar a otorgarse a la figura de un líder y cómo, a través de ellos, el destino de una organización, compañía o nación puede estar sumida a su particular visión de la realidad.

A pesar de las consecuencias que dichos paradigmas pueden generar, aún hoy es común observar su predominio, ya sea de manera consciente o no, en la sociedad y, en especial, en la visión que se posee del líder en cualquier escenario donde deba requerirse su presencia.

3
¿El fin de una era?

Pudiera decirse que la segunda mitad del siglo XX representa el inicio de una nueva era en lo que corresponde a la visión del liderazgo y a la comprensión del líder.

Algunos estudios, como los llevados a cabo por Robert R. Blake y Jane Mouton en 1964, originaron el modelo del *Grid Gerencial* y con ello —podría decirse— se dio inicio a una revolución en el estudio, categorización, caracterización y expansión de lo que se entendía como liderazgo.

Desde el modelo tridimensional del liderazgo, propuesto por William Reddin en 1971, pasando por la Teoría del Liderazgo Situacional planteada por Hersey y Blanchard en 1977, sin olvidar el Liderazgo Transformacional, término que fue incluido por J.V. Downton en su libro *Rebel Leadership: Commitment and Charisma in a Revolutionary Process* de 1973 para luego ser popularizado por James MacGregor Burns en 1978, hasta llegar al Liderazgo Circunstancial [1] propuesto por Félix Socorro, en 2003.

Estos estudios y análisis marcaron el fin conceptual de la visión del líder asociada principalmente a 3 estilos, el autocrático, democrático y laissez-faire, ampliando su clasificación, en la actualidad, a más de 10 estilos documentados y categorizados, lo que, si bien no deja atrás el legado místico y religioso; abre

---

[1] La explicación de este tipo de liderazgo se encuentra en el libro "Diálogos Gerenciales y otras pláticas reflexivas", tanto en la primera edición de 2009 como en la segunda edición de 2020.

la puerta a una realidad contemporánea que puede ser identificada en diferentes escenarios y entidades.

Independientemente de que en la actualidad existan expresiones de liderazgos autocráticos que se autodefinen como poderosos e imbatibles, lo que puede ser común en el ambiente político; visto en retrospectiva, es mucho lo que se ha avanzado respecto a cómo debe ser el liderazgo y cómo deben ser tanto el comportamiento como las características del líder.

En un estudio llevado a cabo en la Universidad Tecnológica de Pereira, en 2007, la profesora Sandra Estrada Mejía enumera más de veinte cualidades positivas que debe mostrar y modelar un líder para ser considerado como tal, las cuales advierte como parte fundamental de la evolución tanto del concepto del liderazgo como de la visión que se posee del líder.

Por lo tanto, es completamente posible, hablar del fin de una era en cuanto a la percepción del líder como un ser único y especial, cuyas características extraordinarias le aportan un poder que sólo él —o ella— puede ejercer y dominar.

En la actualidad se sabe que varias de las competencias del liderazgo pueden ser identificadas, fortalecidas y/o aprendidas, convirtiendo a algunos seguidores en líderes.

Este cambio de paradigma conduce a una reestructuración del pensamiento social y cultural, donde el líder no nace predestinado para serlo, en su lugar, cualquier persona que posea la motivación, el interés y la disciplina para desarrollar esas competencias terminará ejerciendo el liderazgo en el momento indicado, tal y como se propone en el modelo del liderazgo circunstancial.

Aunque no es posible afirmar que todas las sociedades o culturas han comprendido que la era del líder predestinado ha llegado a su fin, las corrientes actuales se han dado a la tarea de identificar expresiones de liderazgo en personas comunes, socialmente desconocidas y hasta en individuos cuyas condiciones se encuentran relacionadas con rasgos especiales como lo es el caso de *Greta Tintin Eleonora Ernman Thunberg*, más conocida como Greta Thunberg, una joven activista a la que se asocia con el síndrome de Asperger.

No obstante, la llegada de la pandemia por COVID-19, iniciada a finales de 2019 en Wuhan, China, ha dividido la historia del liderazgo administrativo en un antes y un después, enfatizando con ello el fin de una relación bilateral entre el líder y el seguidor, el supervisor y el supervisado, enfatizando con ello la aparición de una nueva era que supone la obsolescencia de los paradigmas tradicionales asociados al liderazgo y la aparición de paradigmas emergentes que están cambiando completamente la manera en que éste debe ser observado.

Aunque la figura del elegido se ha mantenido firme en la cultura popular, alimentada por literatura fantástica y largometrajes que insisten en ubicar el poder en un ser único y fuertemente diferenciado, tal y como puede observarse en algunos comics, o películas de culto como, por ejemplo, el personaje de Neo de la Trilogía de Matrix (1999-2003), por nombrar una de ellas; en el mundo real se ha ido fortaleciendo la necesidad del trabajo en equipo con o sin la figura de un líder, dando paso a la figura de los equipos autodirigidos.

La práctica generalizada del *Remote Work* o el trabajo remoto demostraron que las personas no necesitaban de supervisión constante para realizar sus labores. También generó reflexiones significativas con relación a la figura del líder el cual pasó de ser el supervisor del proceso —en la forzada transición de lo presencial a lo remoto— para convertirse en el mentor de los empleados, un aspecto anticipado por Chip R. Bell en su libro *El Gerente como mentor* de 1998.

Estos paradigmas emergentes ya habían sido visualizados por autores como Luis Joyanes Aguilar quien en su libro *Cibersociedad: los retos sociales ante un nuevo mundo digital* de 1997, donde hace cuestionamientos asociados al tiempo libre que las tecnologías permitirían acceder a las personas y cómo estas harían uso del mismo, aludiendo, indirectamente, a un mundo en donde el trabajo remoto sería más común que el presencial y, con ello, una visión del liderazgo que —para el momento en que fue escrito— parecía distante y casi imposible, en donde ni los líderes ni los empleados tenían que estar presentes para que la operación de la empresa se llevara a cabo.

Félix Socorro en 2004, hizo referencia al surgimiento de la figura de los E.I., o bien, los *empleados invisibles*, la cual explica en su libro *Diálogos Gerenciales*. Una modalidad de empleo que proyectaba el dominio del trabajo remoto y lo que ello significaría para la figura de la administración y el liderazgo tradicional, obligándolos a evolucionar en entidades que mantuvieran fuertes lazos entre empleados y empleadores, aunque no tuvieran contacto directo entre ellos.

Sería utópico afirmar que todas las empresas pasarán a una modalidad sin la figura del líder encabezando las operaciones o que cambiarán su visión del liderazgo por una que le resta protagonismo y poder jerárquico; sin embargo, por más que exista una férrea postura que defienda el concepto tradicional del líder, serán los avances tecnológicos y su impacto en la cultura y la sociedad quienes impulsarán una nueva interpretación de esos paradigmas.

Una manera de visualizar cómo ocurrirá el cambio puede ser ejemplificada en la manera en que se ha accedido a la música a lo largo de la historia.

El fonógrafo fue la primera máquina en grabar música, y esto ocurrió en 1877, no es difícil suponer que varias personas consideraron rudimentario el artefacto y preferían escuchar la música en vivo y directo desde una coordinada orquesta. No obstante, la tecnología avanzó y apareció en gramófono, poco más de una década después de su antecesor, ofreciendo un poco más de calidad a la reproducción musical.

Pero los avances no terminaron ahí, la aparición de los discos de vinilo, el perfeccionamiento de los equipos de sonido y la creación de los *cassettes* impulsaron cambios significativos en la manera de reproducir la música.

Luego apareció el Walkman, creado por la Sony, lo que permitió pasar de una experiencia colectiva (escuchar música en la radio) a una experiencia personal, posteriormente se introdujo el disco compacto, surge el IPod y, finalmente, aparecen los servicios de *streaming* que permiten crear listas de reproducción en cualquier lugar y en cualquier dispositivo.

¿Qué relación tiene esto con el liderazgo?

Cada etapa del desarrollo de los dispositivos destinados a reproducir la música tuvo adeptos y retractores, de hecho, aún hoy en día hay personas que afirman que la calidad del sonido de un LP es mucho mejor que la de un CD o la que se transmite por *streaming*. No obstante, es difícil encontrar un número significativo de personas que aún escuchen música a través de un fonógrafo o un gramófono, incluso a través de un CD *player*. Aunque las hay, la mayoría ha cedido a los avances tecnológicos y se ha ajustado sus actividades y costumbres a ellas.

Algo similar ha pasado con el liderazgo.

En el presente es menos común observar a personas idolatrando a un líder, considerándolo un mesías o un enviado divino, siendo una expresión más contemporánea la existencia de comités para el establecimiento de planes y objetivos, políticas y normas, estrategias y tácticas a ser ejecutadas.

Por causa de la pandemia, se hizo más común el líder que establecía el contacto con sus empleados para ayudar y ofrecer apoyo, en lugar del acostumbrado ejercicio del seguimiento y la supervisión.

Como ocurrió con los dispositivos de música, los cambios producidos por las nuevas tecnologías impactarán a la sociedad y ésta a su cultura, esos cambios imprimirán avances en la manera en que el poder se distribuye y las responsabilidades se asignan, cada quien comprenderá el rol que debe cumplir y las metas que debe alcanzar sin necesidad de una figura intermedia entre la meta y la acción, dejando atrás al líder mesiánico, para dar paso a un liderazgo de intercambio de experiencias y conocimientos.

Y sí, por supuesto que todavía habrá personas, entidades y empresas que se sentirán a gusto con lo que fue, como los que hoy prefieren escuchar un LP (*Long play*) con un limitado número de canciones frente a una extensa lista de reproducción en alguna plataforma musical; pero no será lo más común ni el paradigma dominante en la materia.

El argumento central que se sostiene aquí consiste en señalar que, se acepte o no, la figura del líder ha cambiado, se ha transformado en algo más complejo y colectivo, en donde cada individuo alimenta una parte de lo que el liderazgo debe ser. Todo parece señalar que es el fin de una era, lo que significa, sin duda, el inicio de otra.

Parte II

El liderazgo contemporáneo: una visión crítica

- Entre líderes y seguidores
- El liderazgo sobrevaluado
- No todos pueden ser líderes

FÉLIX SOCORRO, PhD

4 Entre líderes y seguidores

«El que cree estar guiando, pero nadie lo sigue, sólo está dando un paseo». John Maxwell.

Una de las particularidades más evidentes que posee el estudio del liderazgo, es que se ha enfocado en conocer al líder, pero no se ha hecho lo mismo con los seguidores.

Una de las premisas que plantea Félix Socorro al hablar del liderazgo circunstancial orbita en que, así como existen más de diez tipos de liderazgo, debe existir la misma cantidad de tipos de seguidores.

A diferencia de lo que se ha estudiado hasta el momento, Socorro sostiene que no es el líder quién elige o muestra un estilo de liderazgo en particular, siendo en realidad los seguidores quienes alimentan, consienten, e incluso, propician la manera en que el líder se comporta.

Esta afirmación está vinculada a otra de las premisas abordadas por el mencionado autor, ésta tiene que ver con el génesis del líder frente al grupo, lo cual tendrá un efecto directo en la manera en que se comportarán los seguidores mientras él o ella permanezca al frente.

Puede decirse que hay cuatro formas en las que un liderazgo se manifiesta:

1. **Cuando es impuesto por la institución de donde procede**: Es el caso de los líderes religiosos, militares u organizacionales, donde el líder no necesariamente es elegido por las masas y puede llegar a ostentar ese lugar sin la simpatía, apoyo o agrado de la mayoría.

2. **Cuando es elegido por el grupo**: En este caso son los seguidores los que designan, por mayoría, al líder del grupo y depositan en él —o ella— sus expectativas y esperanzas para lograr las metas u objetivos que se hayan planteado.

3. **Cuando es autoimpuesto**: En este caso la persona se autodesigna como el líder del grupo y éste último no muestra resistencia, simplemente lo acepta.

4. **Cuando es el resultado de las circunstancias**: Este génesis del liderazgo se ubica cuando, en un escenario, el líder surge como consecuencia de un evento que lo pone al frente gracias a su experiencia, conocimientos y capacidad de respuesta. No es impuesto por alguna entidad, no es elegido por el grupo ni es autoimpuesto, simplemente las condiciones convergen para que se haga cargo de la situación o requerimientos.

Para proseguir con el análisis es necesario diferenciar lo que se debe entender por liderazgo y las versiones similares que se asocian a él pero que difieren en algunos aspectos.

Existe un debate constante entre las diferencias del líder frente a la figura del jefe.

En dicho debate se caracteriza al líder por involucrarse, comunicarse e integrarse con su equipo, mientras que al jefe se le describe como una persona distante, autoritaria y personalista, donde el logro del equipo es su responsabilidad y no un esfuerzo conjunto como lo declararía un líder.

Si bien es cierto que un jefe puede llegar a comportarse como un líder y un líder, en algún momento, tendrá que imponerse y actuar como jefe; no es menos cierto que la diferencia principal entre un líder y cualquier otra figura de autoridad, llámese jefe, gerente, director o presidente; reside en la designación de la figura.

A un líder se le sigue por convicción, no porque así lo establezcan las leyes, las normas y las costumbres.

Cuando tales expresiones están involucradas se estaría frente a una figura que dirige, que encabeza el poder, que tiene la última palabra, pero no necesariamente aglutina el sentir y las expectativas de las personas que, sin estar involucradas en el proceso, se han convertido de manera imperativa en sus seguidores.

Podría decirse que se hace necesario separar a la figura del líder de conceptos como regente, jefe, director, presidente, rey, emperador o cualquier otra figura de poder existente a la cual se acceda no por tener las competencias apropiadas para liderar sino como consecuencia de un proceso, ritual, cadena de mando o designación, ya sea por leyes, entidades, litúrgicos o procesos de elección.

Una vez comprendida esta parte, resulta más fácil explicar por qué deben establecerse los mismos tipos de liderazgos en lo que respecta a los seguidores, esto responde a que el líder no es quien impone su estilo, son sus seguidores quienes determinan su actuación.

Lo anterior no puede extrapolarse a las empresas e instituciones, y es por ello por lo que debe desvincularse la figura del líder de los cargos organizacionales o administrativos.

Un empleado no es un seguidor o, al menos, no necesariamente lo es.

Un empleado responde a los lineamientos que la empresa le señala, indicándole a quién debe reportar y lo que se espera, en lo que respecta a profesionalidad, moral y ética, del cargo que ocupa.

No existen —o no necesariamente existen—, lazos emocionales con los gerentes, directores, jefes, supervisores o coordinadores de un área, simplemente se responde a los convencionalismos que existen y se sobreentienden en el campo: organizacional y es por ello por lo que, si se desea mantener el empleo o la posición que se ocupa, se sabe que debe atender, responder y respetar las órdenes y decisiones que señale la persona que esté a cargo.

Sólo en casos muy particulares, los colaboradores tienden a ver en sus jefes a un líder, de resto sólo lo observan como una figura de autoridad que deberán obedecer hasta que logren ocupar el mismo nivel, ya sea porque quien lo ocupa ha sido removido, ha decidido abandonarlo o por alguna circunstancia le es imposible seguir ejerciéndolo.

Es importante señalar, que los libros de texto no proporcionan información sobre estos casos, en la mayoría de ellos se aborda el liderazgo como una actitud que los responsables de los cargos de dirección deben desarrollar para llevar a cabo el alcance de los objetivos, asumiendo que ser gerente, por ejemplo, lo convierte en líder de la unidad.

Mientras que la realidad es otra, tal y como se ha planteado en los párrafos anteriores.

Ahora bien, si esos «líderes» organizacionales poseen un tipo de liderazgo autocrático, es poco lo que los empleados pueden hacer. Ellos saben que enfrentar a quienes los dirigen pondría en riesgo sus empleos y por ende su fuente de ingresos, por lo que la tendencia generalizada no es otra que tolerar el estilo de dirección hasta que sea posible.

Evidentemente, no puede decirse que una acción conjunta podría enfrentar al dirigente y exigir un cambio en el estilo, pero para ello se tendría que contar con el respaldo de personas que puedan ejercer poder sobre el encargado de la unidad y, a través de él, lograr un cambio, lo cual es completamente posible.

Sin embargo, cuando se está frente a un líder que no responde al ordenamiento jerárquico de una organización, o bien, cuya posición en el grupo no se ve en riesgo si se le hace frente, las condiciones cambian radicalmente.

Un líder, en ese escenario, que pretenda ser autocrático, puede enfrentar tres posibles escenarios:

1. Es temido y obedecido por todos, quienes se someterán a sus exigencias y extravagancias.
2. Es rechazado y enfrentado por todos, quienes no dudarán en cuestionar y criticar su actitud.
3. Los seguidores se dividen entre adeptos y detractores.

Algo similar puede ocurrir frente a un líder que se muestre democrático cuando sus seguidores poseen una visión autocrática de esa posición. Entre otras cosas se le puede tildar de inseguro, o bien, de incapaz de tomar decisiones si no cuenta con la aprobación de la mayoría. Que no tiene lo que se necesita para dirigirlos y que se cuestione su permanencia. Lo anterior sugiere que tanto el líder, en el sentido estricto de la palabra, como los seguidores, deben coincidir en el estilo de liderazgo para que él o ella sea considerado como tal.

Lo anterior cambia considerablemente la balanza del poder, ya que, en realidad, el líder se mantiene en su sitial mientras coincida con lo que se espera de él y satisfaga las necesidades de quienes lo siguen, por lo tanto, el poder que obstante no es tan significativo como se suele suponer, siendo el mismo simplemente una concesión que le hacen sus seguidores y puede esfumarse cuando la conexión desaparezca y los beneficios que aportaría el liderazgo se dejen de percibir como tal.

Obviamente, lo que se ha expuesto no es válido para las empresas u organizaciones, donde el líder responde a una línea jerárquica, como ya se ha explicado.

5
El liderazgo sobrevaluado

En la actualidad la figura del líder no posee la misma connotación que tenía en el pasado, donde era visto como un enviado divino, un héroe de guerra o un guía espiritual, todos con el poder y la autoridad suficiente como para cambiar el curso de la historia.

No obstante, el liderazgo sigue siendo asociado con el poder y, por ende, con todo lo que ello implica, especialmente en materia de influencia y dirección.

Ser un líder empresarial, político, activista o religioso da acceso a información y cobertura, pero también a atenciones y cuidados, riesgos y peligros que son ajenos para el común de las personas.

Ser líder es la posición máxima, el nivel más alto en cualquier organización o entidad.

Es tal el fenecí que genera la sola idea de poder destacar sobre el común, y ser seguido por muchos, que las redes sociales han capitalizado este sentimiento dando a los individuos la oportunidad de sumar adeptos a cualquier cosa que ellos ofrezcan, algunos han llegado al extremo de arriesgar sus vidas y otros a niveles muy bajos de decencia para lograr tal fin.

Pero, *¿es realmente vital liderar?*

La respuesta es dolorosamente simple: *el liderazgo tradicional está sobrevaluado.*

Por siglos, la sociedad ha creído necesitar la presencia de un líder que guie sus pasos y ha alimentado esa idea con múltiples variaciones tales como reyes, faraones, emperadores, césares, incas, primeros ministros, presidentes y cuánta figura unipersonal pueda ser listada; ello representa la irracional premisa que asegura que los pueblos, naciones, organizaciones o entidades requieren, sin lugar a duda, de una única figura que los represente y lidere, una conclusión a la que llegaron casi todas las culturas, sin haberse cruzado jamás, al menos en teoría, y que se ha mantenido hasta el presente, siendo muy pocas veces cuestionada.

La historia ha mostrado —en muchas ocasiones— cómo han fallado los intentos de erradicar esta visión unipersonal del liderazgo. Un ejemplo de ello puede ser ubicado en la figura de los triunviratos romanos, los cuales experimentaron poca estabilidad y duración, salvo en el caso de la Iglesia Católica.

Este punto resulta contradictorio, si se observa de manera lineal que las religiones antiguas, principales fuentes del paradigma que representa a esta figura, eran politeístas, asignaban un dios a cada evento o fenómeno, por lo que no existía una única figura responsable de algo en particular.

Aunque, visto desde otra perspectiva, la mayoría de las religiones, presentes en las culturas que mayor impacto han dejado en la sociedad contemporánea, poseían (o poseen) a un dios que regía a los otros, en el caso de los Sumerios se distingue a *Anu*, en la mitología egipcia se encuentra a *Ra*, en la griega el principal es *Caos* para luego dar paso a *Zeus*, en la romana el liderazgo lo ejerce *Júpiter* y este patrón se repite, incluso, si se estudia a los ocho inmortales de la cultura china, donde sobresale la figura de *Pa-Hsien* por ser el más sabio de todos.

Debido a esta visión unipersonal del liderazgo, la sociedad se ha dedicado a la formación de líderes o —en el más básico de los casos— a la identificación o espera del líder, una especie de figura mesiánica que, gracias a su carisma, cambiará la realidad y hará posible un futuro más prometedor.

La parte que no contempla esa visión idealista del liderazgo está presente en la manera en que se articulan los poderes en la sociedad contemporánea y la extremada codependencia que existe entre todas las entidades involucradas.

Efectivamente, existe más de un poder en la sociedad, en las últimas décadas dejaron de observarse al clero y la nobleza —incluso a algunas fuerzas políticas— como las entidades de mayor influencia en la sociedad. En la actualidad el poder de los medios es indiscutible, y si a eso debe sumarse lo que un grupo de individuos puede llegar a influir desde las redes sociales.

Por lo tanto, el liderazgo no puede ser observado como una figura plana y lineal, única y unipersonal, lo que pudo tener sentido en el pasado cuando la figura del líder se limitaba a una región en particular.

En la actualidad, la figura del liderazgo se ha fragmentado, generando pequeños nichos donde se tiene protagonismo por espacios reducidos y por corto tiempo, incluso es un título que se gana y se pierde con muchísima facilidad debido a la existencia de múltiples y variadas opciones en tan complejos y accesibles espacios como la globalidad, la virtualidad y la tecnología lo han hecho posible.

Sumado a todo lo anterior, es posible observar que, en el mundo contemporáneo, los seguidores han comenzado a tener más poder que sus líderes, los cuales han tenido que ceder ante las presiones que ellos ejercen, obligando a reorientar el rumbo de una estrategia o cambiarla por completo.

La presión que hoy ejercen las masas, en la figura de seguidores, gracias a las redes sociales, han hecho que el valor que se le otorgaba a los líderes se cuestione y se critique, de tal manera, que pueden perder dicho valor en menor tiempo del que invirtieron para conseguirlo.

Esto ha hecho que figuras idolatradas, idealizadas u observadas como referentes pasen a convertirse en personas rechazadas, ignoradas u olvidadas en tiempo récord.

FÉLIX SOCORRO; PhD

6 | No todos pueden ser líderes

Una de las fantasías más generalizadas en el campo del liderazgo corresponde a la creencia de que cualquier persona pueda llegar a ser un líder.

Desde la introducción del concepto en las escuelas y academias, hasta en clases formales para profesionales y ejecutivos, se ha mantenido por décadas que es posible formar líderes.

Si bien existe un importante número de casos que demuestran que es posible impulsar el pensamiento y la actitud propia de un líder en personas que no han mostrado tales actitudes, cabe preguntar ¿acaso pueden existir líderes sin seguidores?

La respuesta inmediata a esa pregunta es un rotundo no.

A diferencia de lo que se ha tratado de infundir en la mente de estudiantes, profesionales, empresarios y gobernantes, no todos pueden —ni deben— ser líderes si el objetivo que se persigue es que exista un verdadero liderazgo.

Como ya se comentó, el poder de un líder recae en la aceptación y conexión con sus seguidores, quienes determinan incluso cuál y cómo será su estilo de liderar.

Sin seguidores el liderazgo no tiene sentido, no hay a quien señalar el camino, a quien coordinar, a quien empoderar ni a quien transferir el conocimiento.

Esta observación, aunque obvia, se omite en la mayoría de los talleres, clases y seminarios donde se habla y se impulsa el liderazgo como una de las conductas lógicas y necesarias que debe mostrar todo profesional, individuo o institución que quiera impactar de alguna manera el escenario, rama o nicho donde se desenvuelve.

Por lo general, también se omite explicar —en las actividades antes mencionadas— que, así como se puede aprender a ser líder, se debe aprender a ser un seguidor. Más aún, se debe aprender cómo atraer y retener seguidores y, a la vez, cómo elegir y hasta cuándo seguir a un líder.

Si se ve desde una perspectiva más amplia, es el seguidor y no el líder quien realmente tiene el poder.

El líder puede proponer una ruta o señalar una línea, pero quienes deciden si han de seguir esa ruta o no, son los seguidores.

La afirmación anterior trastoca lo que se conoce, se entiende y se transmite con relación al concepto del líder, incluso va en contra de los paradigmas dominantes relacionados con el liderazgo ya que

—como se ha visto— es en esa figura unipersonal donde recae todo el poder, o al menos es así como se observa en su versión tradicional.

A pesar de ello es una realidad, no todos pueden ser líderes y, como ya se dijo, no necesitan serlo, o al menos no en el concepto acostumbrado del término.

Desde una perspectiva disruptiva el seguidor practica el autoliderazgo cuando decide seguir a un líder en particular o bien dejar de hacerlo. En ese caso, es el seguidor quien marca el camino y establece los objetivos a seguir. No obstante, nuevamente, no ha líderes sin seguidores y el autoliderazgo en sí mismo tiene más relación con la capacidad de autorregulación y autocontrol del individuo, incluso con una visión clara y precisa de lo que desea ser, que con lo que se entiende por liderazgo, ya sea en el concepto tradicional o en el concepto contemporáneo.

Sea como sea, un líder necesita de seguidores, sin ellos es solo una persona que puede saber a dónde va y cómo llegar a su destino.

FÉLIX SOCORRO; PhD

Parte III

El próximo liderazgo: retos y propuestas

- Nueva realidad ¿nuevo liderazgo?
- El seguidor evolucionado
- Del líder expuesto al anónimo

FÉLIX SOCORRO, PhD

7 | Nueva realidad ¿nuevo liderazgo?

La llegada del COVID-19 trajo consigo grandes cambios en casi todos los aspectos.

La humanidad tomó conciencia de su fragilidad, las empresas afrontaron la existencia de los *escenarios irreales*[2] y el campo laboral tuvo que aceptar el trabajo remoto como herramienta para garantizar buena parte de las labores que comúnmente se asociaban

---

[2] Propuestos por Félix Socorro desde 2010 y documentados en 2019.

con la presencialidad y se suponían indispensables en ese formato.

Tras la llegada del virus y la declaración de la cuarentena como medida de contención, destinada a reducir el número de infectados; las empresas, instituciones y organizaciones de casi todo el mundo experimentaron un alto en sus operaciones sin precedentes.

Las restricciones impuestas por los Estados exigían operar al mínimo, garantizar la salud y seguridad de los empleados y ciudadanos, mantener la distribución y producción de servicios y bienes esenciales, así como garantizar los servicios básicos, incluidos en ellos el acceso a la Internet.

Para las empresas tradicionales y rígidas esto fue un duro golpe a sus paradigmas, acostumbrados a una supervisión constante, al estricto cumplimiento de los horarios, al uso de uniformes y extensas juntas. Muchas de esas empresas se vieron obligadas a incorporar estrategias que, en el pasado, estaban fuera de discusión, como el acceso remoto, el Home Office y la evaluación del trabajo con base, principalmente, en el cumplimiento de los objetivos.

Como es lógico suponer, en un ambiente virtual, no se puede supervisar el trabajo de los empleados como se hace dentro de los límites que la organización ha establecido para el desarrollo de sus operaciones.

Aspectos asociados a la confianza en la auto gerencia y la autoadministración se convierten en elementos cruciales para lograr un desempeño óptimo, pero ese tipo de competencias suelen descuidarse cuando las operaciones se concentran en la presencialidad y obvian los aspectos que pueden ser ejecutados de manera remota.

Es por ello que, en buena parte de los casos, las empresas enfrentaron un reto para el que no estaban preparadas y, por ende, tampoco habían preparado a sus empleados.

En algunos casos, los empleados base y de rango medio tenían mejor dominio de las herramientas destinadas para realizar labores con acceso remoto, dejando en evidencia la ausencia de conocimiento y manejo de ellas por parte de las personas que estarían encargadas de crear las condiciones necesarias para mantener la operación de la empresa en las condiciones ajustadas a las exigencias de la emergencia sanitaria.

Debido a esas deficiencias, algunos empleados, que ostentaban posiciones de supervisión o coordinación, destacaron frente a los que, ocupando cargos de alto rango, no estaban a la altura de la exigencia tecnológica que la pandemia representaba.

Lo anterior originó un desequilibrio en la línea jerárquica, tanto formal como imaginaria, que poseían las empresas en cuyas filas los empleados sabían más del trabajo remoto que los líderes administrativos previstos para tal fin.

Como ya se comentó en el Tema 5, el líder actual está —o debe estar— muy lejos de lo que fue su antecesor.

El líder, ya sea formal o natural, no debe ser circunscripto a las labores administrativas o empresariales. Ya se ha dicho que un gerente o jefe puede llegar a ser un líder pero que ostentar alguna de esas posiciones no lo convierte en uno, ni de manera formal ni administrativa, pues un líder tiene seguidores, no empleados.

Lo anterior conduce a realizar una serie de análisis asociados, entonces, a lo que se ha denominado la nueva realidad y la cual, dada su condición de nueva, habrá de poseer una visión distinta del liderazgo, a la que se le conocerá como «*nuevo*», aun cuando pensadores, décadas antes, se adelantaron a visualizarlo, conceptualizarlo y comunicarlo.

Entonces, ¿qué debe entenderse por la nueva realidad?

Sin duda, en muchos aspectos la realidad ha sido y será la misma. Las empresas deberán seguir produciendo bienes y servicios para el consumo, los clientes seguirán demandando esos productos y servicios que los satisfagan, las empresas seguirán teniendo unidades de procesamiento, venta, mercadeo y distribución, los combustibles fósiles seguirán contaminando el aire por una décadas más, se seguirán arrojando desperdicios al agua, las 5 islas de basura plástico seguirán incrementando su tamaño —a menos que se tomen las decisiones correctas en el corto plazo— y la economía seguirá expandiéndose y contrayéndose a causa de las decisiones acertadas y/o erradas, según sea el caso, de las personas encargadas de dirigir tanto a las naciones como a las instituciones que dependen de ellas.

Si bien lo anterior no aglutina todas las cosas que, al parecer, seguirán siendo las mismas, ya que se ha omitido el hambre que experimentan algunas naciones, las guerras y enfrentamientos, el consumo y la distribución de drogas, las enfermedades causadas por la contaminación, la inseguridad y otros tantos males que azotan al mundo; no puede descartarse que la humanidad entera se enfrenta a un cambio significativo que influirá, de una u otra forma, en las decisiones que se tomarán en el futuro inmediato, especialmente en el ambiente laboral, en aspectos asociados a la salud y al comercio internacional, a la manera en que las personas interactúan y otras tantas que, abruptamente, tuvieron que cambiar por causa de la pandemia demostrando que el paradigma tradicional podía ser superado sin que se afectara —de manera negativa— ni el proceso ni el producto o servicio que resulta de él.

Sin embargo, la evidencia sugiere que lo que para la gran mayoría de las personas y empresas resultó algo nuevo, para otras era parte de su realidad y simplemente continuaron experimentándola durante el tiempo en que la cuarentena lo exigía, sin que ello representara un salto cuántico en sus vidas.

No obstante, para otros, ese salto cuántico era inimaginable y, aun así, se vieron forzados a hacerlo, pues, de lo contrario estaban destinados a perder sus negocios, sus clientes o sus empleos.

Uno de los cambios más significativos que se experimentó en el contexto de la pandemia, no es otro que la apertura —a niveles jamás antes vistos— del uso del comercio electrónico, el trabajo remoto, de la *tele-presencialidad* y de la priorización de actividades y procesos que se dieron por sentado como fundamentales y que, durante la pandemia, terminaron observándose como actividades que podían ser realizadas desde cualquier lugar y hasta en cualquier momento.

Si bien la década de los años ochenta del siglo XX había abierto las puertas a la virtualidad, lo que en los años noventa resultaba ser todo un acontecimiento futurístico que seducía a las empresas para formar parte de un universo digital en expansión; en la primera década del siglo XXI no todos los comercios estaban convencidos de pertenecer a él.

Se sabe que, en los países desarrollados el uso de tecnologías de punta para impulsar el comercio y las transacciones digitales no era simple teoría, empresas como Amazon aprovecharon las bondades de los desarrollos en ese campo y rápidamente se convirtieron en un emporio. En la primera década del 2000 varias empresas crecieron y se fortalecieron gracias al acceso remoto tanto de sus clientes como de los primeros empleados en disfrutar de esa modalidad.

Mientras que, en los países en desarrollo, aún a finales de la segunda década del 2000, todavía dependían de transacciones en efectivo, de horarios de oficina, de almacenes propios ocupados con el stock previsto para la venta en el plan de negocios. Empresas pequeñas y medianas cuyas operaciones dependían del comercio diario, de las negociaciones en vivo, de los rituales sociales de alcanzar un precio adecuado mientras se consumía una taza de café.

Empresas que imaginaban que era suficiente poseer una página plana en cualquier host que la hospedara con el precio más bajo del mercado, o bien, contar con una *Fan Page* en Facebook o una cuenta en Twitter para satisfacer las exigencias de una presencia virtual.

Algunas, las más osadas, se atrevieron a incluir cuentas de *WhatsApp* para atender ciertos requerimientos. Con eso bastaba.

Por lo tanto, resulta posible suponer que la realidad cambió significativamente para esas empresas, las mismas que hasta febrero de 2020 se habían mantenido divorciadas de la presencia virtual y el comercio electrónico que se maneja en los países desarrollados; las mismas que tuvieron que enfrentarse— prácticamente de la noche a la mañana— a las exigencias de bioseguridad y presión comercial que la pandemia trajo consigo; por nombrar dos de ellas. Sólo esas empresas se enfrentaron a una nueva realidad.

Esa nueva realidad las obligó a repensar sus negocios, redistribuir las responsabilidades, imaginar cómo mantenerse activas con el personal trabajando de manera remota y, sobre todo, a cómo ejercer controles y supervisión para garantizar el cumplimiento de los objetivos.

Y fue ahí, justamente en ese momento de razonamiento estratégico que se percataron que no era posible ejercer el liderazgo —en la visión generalmente utilizada del concepto— de la misma manera en que lo venían haciendo.

Es muy simple de entender.

En las oficinas los empleados se encuentran en un ambiente cerrado y controlado por las normas y políticas de la empresa, no se puede hacer o deshacer algo sin que pase por todos los procesos protocolares

—habidos y por haber— minuciosamente controlados por el ojo del supervisor, en cualquiera de las denominaciones asociadas a la jerarquía de los cargos.

Pero si los empleados trabajan desde sus casas, en el mejor de los casos, o bien conectados desde cualquier punto donde les fuera posible, esa línea de mando y dependencia se tornaba delgada y casi inexistente.

Al principio se optó por realizar reuniones periódicas para controlar el cumplimiento de las asignaciones, lo cual terminó por convertirse en verdaderos impedimentos para el natural fujo de las actividades.

Reunirse constantemente no era la solución, de hecho, los empleados comenzaron a mostrar su disconformidad al percatarse que eran convocadas más como una herramienta de control que como genuinas muestras de interés por conocer los avances que se habían alcanzado.

Otras empresas implementaron reportes semanales, intersemanales y/o diarios para conocer y registrar lo que se había hecho en las horas comúnmente entendidas como laborales, lo que trajo como consecuencia más trabajo para los empleados y tiempo adicional para los supervisores, responsables de revisar cada uno de los reportes.

No pueden enumerarse todos los artilugios que las empresas implementaron para mantener vivo en estilo de gerencia —interpretado como el estilo de liderazgo— que venían impartiendo antes de la llegada del COVID-19.

El resultado no podía ser diferente a lo que se obtuvo. Algunas de esas empresas comprendieron que bajo las condiciones en que el trabajo estaba siendo realizado, no podían exigir ni mantener el mismo tipo de seguimiento y supervisión acostumbrado. La empresa requería otro tipo de enfoque gerencial y administrativo, lo que traería consigo una nueva orientación de la forma en que sus representantes tenían que ejercer el liderazgo organizacional.

Fue entonces cuando reaparecieron herramientas y conceptos propios del siglo XX que podían ajustarse a la nueva realidad que imperaba en la segunda década del siglo XXI. La administración por Objetivos, planteada por Peter Drucker a mediado de los años 50, comenzó a tener otro sentido para los empresarios, gerentes y empleados, no sólo en su manera de entenderla, sino también en la forma de operacionalizara.

Los equipos autodirigidos y la reingeniería de procesos, fueron otros los conceptos que comenzaron a reaparecer, siendo el último popularizado por Henry Johansson, Patrick McHugh, William A. Wheeler y John Pendlebury al publicar el libro Reingeniería de procesos de negocios, en 1993

Si bien no existe evidencia empírica de que estos conceptos y herramientas de siglo pasado fueron revisadas y conscientemente utilizadas por las empresas para enfrentar la nueva realidad, el comportamiento observable de las mismas, especialmente en la manera de ajustar su operación y comenzar a dirigir a sus empleados y colaboradores apunta al uso de los mismos.

Ciertamente, el nuevo liderazgo XXI está compuesto de un conjunto significativos de propuestas y paradigmas que se plantearon dos décadas antes de su aparición.

Ahora bien, ¿qué debemos entender por ese nuevo liderazgo? ¿qué lo hace nuevo?

Como ya se comentó en la página 46, el nuevo liderazgo está más asociado a un ejercicio de *mentoring* —e incluso de coaching— que a la actividad tradicional de marcar el camino y dejar que los demás simplemente sigan los pasos del líder.

El nuevo liderazgo exige una visión amplia y libre del ejercicio laboral, comprendiendo que buena parte de las personas no requieren de seguimiento y supervisión constante y que basta con el establecimiento de un objetivo claro, con una fecha determinada y condiciones idóneas de cumplimiento, para que cada persona realice su labor.

El nuevo liderazgo, en realidad, se trata de un tipo de gerencia por objetivos que hace uso de la tecnología para dar cumplimiento a las metas en aquellas actividades donde la presencialidad no es fundamental ni requerida, dejando que sean los "dueños del negocio" —término propio de la reingeniería— quienes determinan cuándo, cómo y dónde llevaran a cabo sus actividades para alcanzar el objetivo propuestos en el tiempo deseado.

Y es así que el gerente, en lugar de sólo administrar —de manera directa—, al personal, explora e impulsa sus competencias para que, de manera independiente, cada uno de ellos se concentre en lo que hace y sabe hacer, razón por la cual forma parte de la empresa, actuando más como un mentor que orienta, aconseja y transfiere conocimiento, en lugar de ser esa rígida figura de autoridad que supervisa la acción, exige el cumplimiento y demanda resultados.

La nueva realidad requiere de un nuevo liderazgo, el cual debe ser ejercido de una manera distinta y lo suficientemente flexible y efectivo para ajustarse a los cambios que se continuarán experimentando como consecuencia de los avances tecnológicos y los cambios sociales y culturales que cada uno de ellos traerá consigo.

Ese nuevo liderazgo está llamado a generar confianza entre los miembros del equipo y en cada uno de ellos, a crear sinergias sin que se requiera de un intercambio social constante y repetido —anclado a la presencialidad— para impulsar la camaradería, la interdependencia y la comunicación en entornos virtuales, en otras palabras, está llamado a obtener lo mejor de cada individuo sin que sea necesario verlo, tocarlo ni conocerlo.

La nueva realidad exige un liderazgo que trascienda, que no esté limitado por la empresa, pero cuya existencia no interfiera con los límites personales y familiares de quienes debe orientar, cohesionar y conectar para crear las condiciones ideales que conllevarán al logro de las metas de la organización.

Un liderazgo que impulse el intercambio social sin que necesariamente se produzca con los mismos miembros de la empresa, que respete y alimente las curvas de productividad de todos los individuos, aprovechando el potencial de cada uno de ellos en el momento más alto de su rendimiento y, a la vez, sepa guardar distancia y sea lo suficientemente paciente al momento de enfrentar los puntos más bajos.

Un liderazgo que cree, fomente y fortalezca las condiciones ideales para cualquier actividad, impidiendo que se observe como una obligación propia del trabajo, incrementando con ello la identificación de cada persona con la visión, propósito y misión de la empresa y, con ello, alimentando la motivación que hará posible el logro de cada objetivo y cada meta.

FÉLIX SOCORRO, PhD

8 | El seguidor evolucionado

Es importante destacar que los empleados no son seguidores per se, los seguidores eligen a sus líderes y los siguen por convicción. Los empleados están obligados por contrato a acatar las exigencias de sus supervisores, tal y como están previstas en sus funciones. Los empleados no eligen a sus jefes. No obstante, como el paradigma generalizado parte del supuesto que sugiere que los jefes son líderes —aun cuando se ha establecido que esto no es del todo cierto— en este apartado se hablará de la evolución del seguidor asociándolo al comportamiento observado por parte de los empleados operativos y/o de base conforme con el supuesto mencionado.

Una vez aclarado este punto, puede decirse que una de las consecuencias inmediatas de la pandemia causada por el COVID-19 se observó en el comportamiento mostrado por los seguidores en casi todos los escenarios.

A diferencia de lo que tradicionalmente se creía, la proactividad, la toma de decisiones complejas, la planificación y la ejecución de estrategias, típicamente identificadas como competencias propias del líder; comenzaron a ser mostradas y modeladas por aquellos que cumplen la función de seguidores.

Aunque, sin duda, habrá posiciones encontradas, es fundamental destacar que las empresas no se sostuvieron, durante el punto más alto de la pandemia, gracias a sus líderes —en el concepto tradicional de esa palabra—, fueron los obreros, los operarios, los empleados de base —en cualquiera de sus denominaciones— y buena parte de la gerencia baja y media quienes resultaron ser los verdaderos héroes de la historia.

Como ya se comentó, durante la pandemia, los empleados base —en varias ocasiones— demostraron poseer un mayor conocimiento del manejo de la actividad remota que el mostrado por sus supervisores y, gracias a ello, buena parte de la operación continuó funcionando mientras quienes estaban llamados a dirigirlos se habituaban a un escenario completamente remoto o hibrido.

Las organizaciones terminaron por aceptar la increíble dependencia que poseen con relación al personal base, permitiendo con ello demostrar que la operación podía prescindir del gerente o el jefe de la unidad, pero no del personar operativo que la mantenía en marcha.

Lo anterior es muy fácil de explicar. Mientras en buena parte de la actividad comercial el jefe del departamento lo administraba a través de enlaces remotos, los empleados operativos tuvieron que hacerse cargo de los problemas, exigencias, obstáculos y cualquier otro reto que la pandemia y las restricciones propias de la cuarentena les presentaba y que no habían sido previstos por quienes dirigían la operación. Lo anterior significó la toma de decisiones en tiempo real y de forma inmediata por parte de esos empleados debido a que no había tiempo para conectarse a la red, explicar lo que acontecía y esperar las instrucciones.

Si bien es cierto que lo expuesto no aplica para todos los casos, el énfasis consiste en que no es menos cierto que al menos cada persona conoce a alguien que tuvo que actuar por sí mismo, durante la cuarentena, para cumplir con sus objetivos sin notificar a sus supervisores, no porque no quisiera, sino porque las circunstancias exigían una respuesta rápida e inmediata.

Ese empoderamiento del personal operativo y/o del personal de base, el cual se originó de manera abrupta y no planificada, generó un cambio que apenas está la disrupción que, sin duda, las empresas deberán afrontar en el futuro inmediato.

Entre los cambios antes mencionados pueden enumerarse los siguientes:

- **Autonomía**: Las condiciones del aislamiento causado por la cuarentena y las restricciones impuestas para detener el avance del virus impulsaron una flexibilización en la manera de realizar aquellas actividades laborales que eran susceptibles a ser ejecutadas sin supervisión. Esto permitió que los empleados desarrollaran competencias que, en los escenarios tradicionales, habría tomado más tiempo, impulsándolos a ser más autónomos y, por ende, a rechazar el seguimiento innecesario y la supervisión constante.
- **Autogestión**: La autonomía permitió a los empleados comprender que eran completamente capaces de autogestionarse. Esto significa que pueden alcanzar las metas y objetivos propios de sus actividades sin necesidad de alguien que los coordine o supervise, accediendo de manera individual o

en conjunto a los recursos que se requieren para ello y determinando el tiempo, la intensidad y el esfuerzo que cada actividad requiere por sus propios medios.

- **Reordenamiento**: Como consecuencia de la autonomía y la autogestión los empleados pudieron reordenar sus actividades y funciones de acuerdo con la perspectiva individual que cada uno de ellos poseía o que lograban coordinar, en franca cooperación, con sus pares, con el fin de dar prioridad a lo que juzgaban urgente para luego atender lo importante. Este ordenamiento no siempre coincidió con la manera en que la empresa observaba o proyectaba la operación, pero, dadas las circunstancias, no hubo más opciones que aceptarlo, reforzando con ello la autonomía de los empleados.

Estos tres nuevos comportamientos impulsaron una evolución en el pensamiento y la actitud de los empleados, visto como seguidores en el enforque tradicional del liderazgo, haciéndolos más conscientes de su protagonismo en el desarrollo de la operación y su capacidad de llevarla a cabo sin necesidad de una figura que los liderara de manera directa.

Esa visión de flexibilización podría estar relacionada con lo que se conoció, en abril de 2021, como «La Gran Renuncia», denominada así por Anthony Klotz, profesor de la Escuela de Negocios Mays de la Texas A&M University [11]; un fenómeno que se registró en los Estados Unidos de América y que no se descarta que pueda ser observado en otras latitudes.

Si bien las condiciones del incremento de renuncias no estaban claras cuando fueron expuestas por Klotz, siendo las mismas asociadas con diferentes motivos e, incluso, como una variación de las expectativas estadísticas propias del tema, los meses posteriores a la publicación confirmaron la existencia de una posible relación entre la pandemia, el trabajo remoto, los cambios experimentados por los empleados en ese periodo y las renuncias.

En junio de 2021, la empresa Apple envió un comunicado a sus empleados invitándolos a regresar a las oficinas de manera definitiva para el mes de septiembre, bajo la oferta de manejar un acuerdo híbrido donde trabajarían unos días de manera presencial y otros de forma remota.

La respuesta no se hizo esperar, además de mostrar inconformidad con la modalidad hibrida, los empleados, que habían experimentado de primera mano su capacidad de operación sin necesidad de la presencialidad, comenzaron a negarse a regresar y algunos de ellos presentaron de manera inmediata su renuncia.[12]

Algo similar ocurrió con la empresa Google, la cual ha tenido una posición radical frente al tema, incluyendo su advertencia de disminuir el salario de las personas que desearan mantenerse trabajando de manera remota.

Tal vez, en el pasado, este tipo de comportamientos, especialmente mostrados por el empleado, no hubiesen sido comunes, el trabajo remoto no era una opción generalizada —para los cargos que permiten realizar las operaciones a través de esa modalidad— y, por lo tanto, cualquier argumento estaría basado únicamente en la especulación o en complicadas comparaciones con cargos cuyo génesis siempre ha sido virtual.

Pero con la llegada la de pandemia y la demostración, sin precedentes, del uso de la tecnología para mantener y sostener una actividad comercial desde la distancia y con toda la flexibilidad que ello significa, fueron las empresas y no sus empleados quienes se quedaron sin argumentos que permitieran exigir el regreso a la «normalidad» y trabajar desde la oficina como siempre se ha hecho.

Y ese ha sido uno de los principales problemas que han tenido las empresas, con una visión del liderazgo tradicional. A diferencia de sus empleados, algunas empresas observaron el trabajo remoto como algo pasajero, algo que las personas estaban forzadas a adoptar como consecuencia de la pandemia, sin percatarse que ello significaría un salto cuántico en la estructura de poder, de organización y de dirección que desafiaría los esquemas tradicionales.

Obviamente, no todos los empleados han podido ejercer suficiente presión para que las empresas les permitan trabajar con la flexibilidad, autonomía y autogestión que la pandemia permitió experimentar en vivo y en directo, sin intermediarios.

Especialmente en los países en desarrollo, donde el empleo escasea y la demanda empleo es significativa, los empleados, ahora conscientes de sus capacidades de autogestión y lo innecesario que puede ser seguir alimentando el paradigma tradicional que exige prolongar un proceso cíclico y repetitivo resumido en la acción de «salir del hogar, llegar a la oficina y volver al hogar»; sencillamente no tienen opciones, salvo que estén dispuestos a arriesgar la estabilidad que pueden estar experimentando en los empleos que realizan.

Sin embargo, lo anterior no impide comprender que los empleados ya no pueden ser tratados ni gestionados como se hacía antes de la pandemia, su experiencia en el trabajo remoto ha dejado de ser teórica y se ha convertido en práctica, por lo que el tipo de liderazgo que se utilizaba ha quedado obsoleto, así como varios de los argumentos asociados al trabajo en equipo, la necesidad de supervisión y seguimiento y el alcance de los objetivos.

Para el conjunto de empleados post COVID-19 una llamada telefónica, un texto o un mensaje de voz emitido desde alguna de las muchas plataformas destinadas para ello poseen más poder y efectividad que un memo recibido de manera formal por parte de la empresa, en cuanto a lo que se requiere para la toma de decisiones o la ejecución de una estrategia.

Ahora los seguidores —empleados, es el término— están conscientes de la interdependencia con sus pares de una manera más pragmática y directa, sin que medie en ellos la necesidad de estar a tres cubículos de distancia para apoyarse en la consecución de un objetivo, por lo que argumentos asociados a la necesidad de estar presentes para fortalecer lazos e impulsar un mejor trabajo en equipo no tienen el mismo impacto, como pudieron haberlo tenido antes de la pandemia. Obviamente, lo anterior es un ejemplo que no aplica, necesariamente para todas las empresas y todos los tipos de actividades que se realizan.

No obstante, lo anterior no le resta, en lo absoluto, importancia al intercambio social, el cual también ha sido experimentado de una manera mucho más compleja por causa de la pandemia.

Si bien es cierto que los empleados siempre han tenido momentos de intercambio en las oficinas, no es menos cierto que dichos intercambios estaban limitados por los horarios, espacios, políticas y operaciones propias del negocio.

En el ambiente remoto, los empleados expandieron los límites que la empresa posee y tuvieron la oportunidad de enriquecer lazos de camaradería y conciencia de equipo desde una perspectiva diferente a la que experimentaron quienes no habían vivido en confinamiento ni gozaban de las bondades de las redes sociales y las tecnologías de comunicación existentes.

Es por todo lo anterior, que pensar en prolongar un estilo de liderazgo tradicional —exclusivamente— en los empleados post pandemia resulta utópico y carente de sentido. Es simple, las empresas están frente al mismo empleado, pero con una percepción distinta tanto de su realidad como de la operación y el lugar que ocupa dentro de ella.

El empleado post COVID-19 valora más su autonomía, su capacidad de autogestión, su manera de ordenar y priorizar el trabajo. Goza de la flexibilidad y procura no perder los beneficios que el trabajo remoto imprimió en su actividad laboral.

El empleado post pandemia está más consciente de sus límites y sus capacidades, sabe hoy más que nunca lo que quiere y espera, desea libertad de acción, equilibrio entre lo laboral y lo personal e independencia, por lo que, si la empresa no ha evolucionado a la par de él, simplemente lo perderá.

9 | Del liderazgo unipersonal al liderazgo colectivo

La llegada del COVID-19 no sólo permitió demostrar que muchos paradigmas emergentes eran posibles, además de ello, impulsó una serie de cambios que derivaron en el cuestionamiento del concepto del liderazgo, tal y como se conoce y se entiende tradicionalmente, así como de la necesidad de poder señalar, identificar y reconocer al líder como hasta ahora se había hecho.

La pandemia demostró que los empleados pueden poseer una significativa capacidad de autogestión, por lo que el liderazgo unipersonal, propio del imaginario colectivo, dejó de ser el protagonista de la historia para convertirse en su antagonista.

Si bien se ha dejado claro que no hay líderes sin seguidores, esa premisa no impide que los individuos persigan afrontar los restos y superarlos sin necesidad de permanecer a la sombra de alguna otra figura, ya sea impuesta por la empresa o elegida por la mayoría.

Ese deseo de tomar las riendas del proceso o función que se ejerce y demostrar que se es completamente hábil en la consecución de las metas tampoco contradice la afirmación realizada en el Tema 6, cuando se explica que no todos pueden ser líderes, ya que es una competencia que no todos desarrollan.

No obstante, lo anterior dirige al pensamiento de una expresión de liderazgo colectiva que pudo apreciarse en los momentos más álgidos de la pandemia: las personas no sólo se coordinaron de manera espontánea y natural para cumplir con sus deberes y tareas, también recurrieron al consenso, la validación y el acompañamiento colectivo para ello.

La tendencia consistió, desde una perspectiva general, en la fragmentación del liderazgo tradicional, dando origen a una expresión coordinada y colectiva del mismo, empoderando a cada persona del equipo para imprimir calidad, eficiencia, eficacia y efectividad al proceso, a las funciones asociadas a él y, finalmente, al producto o servicio resultante.

Los equipos de alto rendimiento dejaron de ser parte de complejas y reconocidas corporaciones, se sincronizaron sin dificultad con los equipos autodirigidos, los colaboradores, especialmente los que se encuentra en la base y en las primeras etapas de coordinación y/o supervisión, asumieron la responsabilidad de mantener y sostener el negocio sin necesidad de ser constantemente supervisados, ofreciendo resultados sorprendentes.

El liderazgo pasó entonces, en la práctica y que contara con un sustento teórico, de una figura unipersonal a una figura colectiva, todos eran responsables de dirigir el barco a un buen puerto, todos eran a la vez capitanes y grumetes, todos tenían una meta en común y, al mismo tiempo, todos, sin excepción estaban comprometidos con la visión de la empresa.

Aunque pueda parecer utópico, la realidad de este extraordinario cambio pudo observarse desde las pequeñas empresas, donde sus propios dueños salieron a repartir sus productos a los clientes, garantizando con ello la distribución y el consumo del mismo, hasta las grandes empresas donde el personal de base mantuvo la operación en planta mientas los gerentes y directores permanecían aislados por la cuarentena.

Obviamente, no puede decirse que las directrices de la alta gerencia estuvieron ausentes durante la cuarentena y que los empleados, sin acceder a ellas, impulsaron la estabilidad del negocio. No sería correcto.

Se está haciendo referencia a la acción coordinada e individualmente realizada de cada miembro de la organización por garantizar la supervivencia de la empresa, asumiendo un liderazgo colectivo, impulsado por las dificultades de acceso y conexión, en algunos casos, o por la confianza depositada en cada uno de ellos, en otras.

Ese paso de la teoría (equipos autodirigidos) a la realidad, fracturó en el pensamiento colectivo la figura del líder unipersonal. Permitió que se comprobara en la práctica que no es necesario tener a una figura que marque el camino cuando todos saben a dónde se dirigen y cómo deben hacerlo.

FÉLIX SOCORRO, PhD

Parte IV

El perfil del nuevo líder después del COVID-19

- Competencias deseadas, mostradas e ignoradas
- La fórmula post Covid-19
- Entre el caos y la turbulencia

FÉLIX SOCORRO, PhD

10 Competencias deseadas, mostradas e ignoradas

Ser un líder exige el dominio de un conjunto de competencias y el desarrollo de distintos tipos de inteligencias.

En algunas personas la combinación de habilidades e inteligencias es natural y espontánea, en otras requiere de disciplina, constancia y dedicación para ser mostradas o desarrolladas.

No existe una línea exacta que separa a la persona común del líder, en especial si se es adepto a la premisa que sugiere que el acto de liderar puede ser enseñado y modelado a cualquiera que desee destacar, sin embargo, es posible recopilar algunas de las competencias deseadas que todo líder debe poseer, o bien, aquellas que debe mostrar al momento de ocupar tan significativa posición, e incluso, es posible enumerar las cualidades que deben ser ignoradas en los líderes, aquellas que pueden eclipsar su poder y alcance.

Por ejemplo, según Richard Branson, el líder debe mostrar las siguientes cualidades[7]:

1. Debe balancear la vida laboral con la social
2. Debe dar segundas oportunidades
3. Debe dar valor a su equipo de trabajo
4. Debe delegar (lo que está asociado con el *empowerment* y la visión de trabajo en equipo)
5. Debe enfocarse en lo bueno
6. Debe experimentar, o bien, estar abierto a ello

7. Debe intentar mejorar al mundo. Debe preocuparse por la felicidad (lo que está relacionado con la empatía, inteligencia social y sensibilidad).
8. Debe procurar ser diferente
9. Debe tener sentido del humor

Fátima Gómez y Rocío Moldes, profesoras e investigadoras de la Universidad Europea de Madrid[8], expusieron en mayo de 2020, un decálogo de las competencias de un líder, según ellas, el líder contemporáneo debe:

1. Comunicarse eficazmente
2. Contribuir al disfrute del trabajo
3. Definir el rol del equipo
4. Empoderar al equipo
5. Establecer y apoyar a su equipo
6. Facilitar la conciliación
7. Ofrecer oportunidades de crecimiento / desarrollo
8. Promover el trabajo colaborativo

9. Reconocer los logros
10. Vivir los valores organizacionales

Para la firma *HunterAmericas*, también son 10 las competencias que debe poseer el líder[9]:

1. Colaboración.
2. Comunicación.
3. Hacer frente a las conversaciones difíciles.
4. Inteligencia emocional.
5. Motivación.
6. Pensamiento Crítico.
7. Pensamiento Estratégico.
8. Retroalimentación.
9. Saber explotar su imagen.
10. Ser un Coach.

Para Jaime Asnai González, Managing Director de PageGroup[10], son 7 y no 10 las competencias que debe poseer un líder siendo estas:

1. Enseñar con el ejemplo
2. La capacidad de fijar metas y expectativas

3. La orientación a invertir en las personas
4. Mostrar entusiasmo y espíritu de superación
5. Ofrecer una escucha activa
6. Poseer una comunicación efectiva
7. Su interés por potenciar el talento

No obstante, estas cualidades ideales pueden no estar del todo ajustadas a la realidad y, en la mayoría de los casos, parecer un tanto románticas y utópicas de acuerdo con el contexto.

Si bien es cierto que todo lo que se ha mencionado puede ser considerado *el deber ser del líder*, la realidad nos demuestra que hay otras cualidades que pueden impulsar el liderazgo de forma masiva.

Algunos de los siguientes aspectos —aunque no necesariamente positivos— también son «competencias» asociadas al liderazgo:

1. La irreverencia
2. El desafío constante al status quo
3. El humor (en cualquiera de sus expresiones)

4. La prepotencia
5. La arrogancia
6. El lenguaje inculto o inapropiado
7. La descortesía
8. La obscenidad
9. La imprudencia
10. La intolerancia
11. La banalidad

Basta con mirar a los cientos de personas que aglutinan a cientos de seguidores en las redes sociales gracias a algunas de las 11 expresiones antes mencionadas o la combinación de varias. Y sí, aunque se acepte o no, ellos también son líderes.

Las personas suelen, de manera inmediata, pensar que el líder es un individuo con las primeras cualidades que se ha mencionado, pero la realidad es otra, se puede ser un líder sin mostrar ninguna de ellas.

Estas vendrían a ser las competencias ignoradas del liderazgo, no por las personas, sino por la literatura y los textos orientados a idealizar su figura.

Si bien es cierto que ninguna de las 11 expresiones estaría, de manera directa, orientadas a agregar valor a los seguidores; no es menos cierto que pueden ser consideradas expresiones de culto y dignas de imitación por muchos de ellos.

Como ya se comentó, son los seguidores y no el líder quien establece el estilo de liderazgo, por lo tanto, mientras un grupo de personas consideren la irreverencia, por ejemplo, como una cualidad que las atrae y satisface, el líder, en consecuencia, será irreverente para captar y retener a esos seguidores.

Un ejemplo de ello puede verse en la marcada diferencia que existe entre las personas que apoyaron a Barak Obama y los que votaron por Donald Trump.

Si bien no se trata de hacer una comparación política, es importante destacar que ambas expresiones de liderazgo difieren sustancialmente y, sin embargo, ambas poseen un número significativo de adeptos.

No se trata con esto de alentar algunas de las 11 expresiones antes listadas y obviar las 32 que les precedieron, se trata de comprender que el liderazgo, comprendido correctamente, depende de cómo sea visto por sus seguidores y se ajustará a lo que estos últimos esperen de él.

Por lo tanto, puede establecerse lo siguiente:

1. **Competencias deseadas del liderazgo**: Serán aquellas expresiones y habilidades que los seguidores esperen del líder o de sus líderes, ajustadas de manera significativa a su cultura, valores y expectativas. Esto significa que lo que puede considerarse como competencias ideales de un líder en un escenario particular no necesariamente coincidirán ni serán las mismas en otro escenario.

2. **Competencias mostradas por el líder**: Se considerarán como tal aquellas que coincidan de

manera directa e inequívoca con lo que los seguidores esperan de él y que estén dispuestas a apoyar y defender, según sea el caso. En otras palabras, serán las competencias que el líder deberá detectar, desarrollar y fortalecer para que los seguidores lo apoyen de manera indefinida.

3. **Competencias ignoradas de liderazgo**: Son aquellas competencias que los seguidores pueden conocer y observar pero que deciden obviar porque no agregan valor al estilo de liderazgo esperado o no satisfacen las expectativas que rodean el ejercicio del líder. O bien, son esas competencias que el líder omite frente a sus seguidores porque no coinciden con la imagen asociada a su estilo de liderazgo.

No hay líderes sin seguidores y, por lo tanto, no habrá seguidores si aquello que el líder ofrece no se ajusta las expectativas de quienes intenta inspirar a seguirlo, por lo que las competencias del liderazgo no son absolutas, en realidad, son relativas.

11 | La fórmula del liderazgo post COVID-19

Para Galileo Galilei «*las matemáticas son el alfabeto con el cual Dios escribió el Universo*» y, sin duda, prácticamente nada se escapa de esta afirmación y entre ellas se encuentra el liderazgo.

Si bien no existe evidencia empírica formal de lo que se expondrá a continuación, se recurrirá a la lógica y al argumento para sustentar lo que se desea expresar con la denominada fórmula del liderazgo post COVID-19.

Esta es:

$$NL = \frac{[(CI * n) * VC] * (IC * EC)}{NS}$$

Donde:

CI = Competencias Individuales

n = Número de personas que hacen uso de sus CI para liderar

VC= Visión Compartida

IC= Impacto Colectivo

EC=Expectativas Colectivas

NS= Número de seguidores

NL= Nuevo liderazgo

Lo anterior puede ser operacionalizado de la siguiente manera, asumiendo que, en todo momento, al menos se cuenta con un seguidor:

- Si la persona —o las personas— que aspira ser líder no posee las competencias individuales (IC) que se esperan de ella[3] o, teniéndolas, no

---

[3] Como se ha visto, el número de competencias puede variar entre 7 y 11, según sea el caso.

- hay evidencia de las mismas, el resultado de toda la ecuación es cero.
- Si la persona —o las personas—que aspiran ser líder demuestra poseer o no posee una visión compartida (VC), el resultado de toda la ecuación es cero
- Si la persona —o las personas—que aspira ser líder no genera un impacto en la colectividad (IC), aun cuando posea las competencias esperadas y demuestre una visión compartida, el resultado de toda la ecuación es cero
- Ahora bien, si se cumple con las CI, se coincide con la VC y se genera un IC, independientemente de su valor, pero no hay coincidencias con las expectativas colectivas (EC) o no se satisfacen, el resultado de toda la ecuación es cero
- Finalmente, si la persona —o las personas— cumple con CI, VC, IC y EC, pero no se cuenta

con *al menos 1 seguidor*, el resultado de toda la ecuación es indeterminado.

Es importante destacar, entonces, que siempre que se obtenga como resultado el cero —como el valor resultante— o el resultado sea indeterminado, se estará experimentando cualquiera de los estilos de liderazgo conocidos, pero no se estará ante el nuevo liderazgo.

Por lo tanto, la fórmula hace referencia a las capacidades del individuo, o grupo de personas, en cuanto a la realidad que lo envuelve, su participación en ella y al impacto que generará. Pero también alude a la visión compartida y a las expectativas que existan en torno a él o ella, así como el número de personas que lo apoyen y, por ende, le sigan.

Como ya se comentó en el punto 6, son los seguidores —y no el líder— quienes establecen el tipo de liderazgo que predominará y, para ello, el líder debe ser capaz de identificar y desarrollar aquellas competencias que le permitirán estar al frente y señalar el camino.

Esas competencias individuales no deben ser, en ningún momento consideradas como únicas y especiales, podrán estar presentes en todos los miembros del equipo propiciando con ello un ejercicio colectivo del liderazgo orientado a generar un impacto en el colectivo de acuerdo con las expectativas que cada seguidor, o un conjunto de ellos, tenga.

El nuevo liderazgo no estará presente si no aglutina un significado impacto colectivo, ya sea en su propia circulo o en los adyacentes, de manera local o global, sin ello no habrá garantía de apoyo por parte de quienes lo sigan ni tolerancia o impulso al estilo de liderazgo que se espere de él o ella.

Es por esa razón que la visión del líder —o los líderes— adicionalmente a sus competencias individuales, se ven multiplicadas por la sumatoria del impacto que generen en la colectividad, es simple, a mayor impacto mayor apoyo, obviamente, partiendo de la premisa de un impacto positivo, ya que puede llegar a ser negativo.

Lo anterior queda representado en la fórmula, ya que las expectativas que se posean alrededor del líder —y el número de seguidores que poseen tales expectativas— son determinantes para identificar si el liderazgo resultante es o no el que se espera y, por ende, se apoya.

Como puede observarse, es matemáticamente simple, si la sumatoria de la expectativa colectiva está representada por el número cero, el resultado de la operación del divisor es cero y, por lo tanto, no se estaría frente al nuevo liderazgo. O bien, si el número de seguidores es cero, al multiplicarlo por las expectativas colectivas —sin importar cuántas sean— el resultado no diferiría del anterior.

Por lo tanto, este nuevo liderazgo será concebido no sólo como un ejercicio colectivo, sino que también se ajustará a las características propias del liderazgo circunstancial, las cuales presentan al líder en un constante ciclo en donde alterna su condición con el de un seguidor conforme a los retos que se presentan y a su capacidad, habilidad y conocimiento para hacerle frente. Es simple, si posee las competencias que el reto exige será visto como un líder momentáneo para hacerle frente, si no, se comportará como un seguidor que apoya y asiste al líder, o bien, en algunos casos, liderará junto a otros, al mismo tiempo, para encontrar la mejor manera de enfrentar el reto y superarlo satisfactoriamente.

Es por ello que la fórmula observa el liderazgo desde una perspectiva amplia y no sujeta a la figura de un solo individuo —razón por la cual se ha colocado una n en las competencias individuales y la visión compartida— intentando con ello ratificar la importancia de dejar atrás la visión unipersonal del líder e impulsar el empoderamiento coordinado, planificado y lineal de quienes presentan las competencias necesarias para ejercer el liderazgo en pos del cumplimiento de una visión compartida.

No obstante, esta visión colectiva del liderazgo no es del todo nueva, por ejemplo, los chinos, como ya se comentó en el Tema 5, poseían una versión similar al hablar de los 8 inmortales y, aunque existiera uno que destacara sobre los demás, las acciones y decisiones que surgían de ellos respondían al consenso.

También puede inferirse en expresiones populares o como «la unión hace la fuerza», «dos cabezas piensan mejor que una», o aforismos como «ninguno de nosotros es tan bueno como todos nosotros juntos» atribuido a Ray Kroc, o bien el que se adjudica a Lyndon Johnson, quien dijo *«no hay problema que no podamos resolver juntos, y muy pocos que podamos resolver por nosotros mismos»*.

Puede decirse, entonces, que la versión colectiva del nuevo liderazgo ha estado presente en el imaginario popular desde tiempos inmemoriales, pero se ha manifestado y materializado, de forma espontánea, gracias a las restricciones impuestas por causa de la cuarentena.

FÉLIX SOCORRO, PhD

12 Entre el caos y la turbulencia

Para adelantarse a los cambios y transformaciones que enfrentará y continuará experimentando el liderazgo en la era post COVID-19, se hace necesario explicar el caos que ello significará tanto para las empresas como para la sociedad, así como hacer énfasis en el paso por la turbulencia que, inevitablemente, también experimentará. Ambos conceptos se explicarán en los próximos párrafos.

El caos

La idea del caos, como algo negativo, será obviada de manera deliberada, ya que, tal y como lo expone la mitología griega, del caos pueden surgir los elementos necesarios para transformar lo estacionario en movimiento, la oscuridad en luz y lo inerte en vida.

La pandemia del COVID-19, en mayo de 2021, había significado la muerte de 6.8 a 10 millones de personas[13], lo que, sin duda alguna, ha enlutado al mundo y debe ser catalogado como una desgracia.

No obstante, como se ha explicado, del caos sanitario producido por la pandemia han surgido expresiones altamente valiosas y mundialmente necesarias: movimientos de concienciación social, esfuerzos combinados para hacer frente a las necesidades globales en salud, alimentación, cuidados e intercambios tecnológicos, entre otras expresiones orientadas a un fin común.

En el campo laboral, tanto en empresas como en organizaciones, también la pandemia ha impulsado todo un cambio de paradigmas que ha superado las limitaciones tanto mentales como administrativas que se experimentaban antes de la cuarentena, abriendo las puertas a un conjunto de opciones que, hasta finales del año 2019, sólo podían verse en ciertos y determinados escenarios y para algunos cargos en particular.

La generalización del trabajo remoto en empresas e instituciones donde no era una opción factible hacer uso de él, el impulso real —y no teórico— del empoderamiento del personal de base y de coordinación y/o supervisión media, así como el incremento de la confianza, en cada uno de los miembros de la organización, para mantener y sostener la operación y, por ende, el negocio que la hacía posible; puede ser visualizado en tres etapas, antes del caos en el caos y después de él.

Antes del Caos

En esta etapa, las empresas mantenían un estilo rígido, lineal y determinante. Los empleados tenían que cumplir con horarios —ya fuesen impuestos o negociados—, respetar los protocolos, seguir las líneas establecidas y regirse de manera inequívoca por las directrices de sus supervisores.

La administración se encontraba sumergida en la certeza de la presencialidad y era impensable —para algunas empresas— suponer que sin tales condiciones el negocio se mantendría.

El paradigma reinante sugería que las personas eran una parte importante de la empresa, mas no la empresa en sí misma. Basta con recordar expresiones como «las personas conforman el capital humano de la empresa» o «el talento humano es el recurso más importante de la empresa»

Pero después, justo en ese punto medio entre el caos y el instante antes de establecer que ha pasado, como cuando se está en medio del ojo del huracán donde hay destrucción en los extremos, pero una breve calma en su centro, el paradigma emergente reafirmó una verdad a voces: las personas que hacen parte de las empresas no son «una parte importante de la empresa», *las personas son la empresa.*

Todo ello quedó demostrado cuando, como ya se comentó en el Tema 7, los empleados de base comenzaron a garantizar la operación en ausencia de supervisores y gerentes, todos aislados por las restricciones y carentes de dar respuestas inmediatas a situaciones imprevistas o cuya atención no podía esperar a ser consultada.

Quedó demostrado cuando el personal de enfermería, que supera en número a la plantilla de médicos y doctores, asumió con heroísmo el cuidado de un número creciente de pacientes que superaban la capacidad instalada de clínicas y hospitales.

También cuando los repartidores se dieron a la tarea de sostener el comercio a través de un sistema de envíos improvisado, especialmente en aquellas empresas donde era el cliente quien venía a ellos y no ellos quienes se trasladaban al lugar donde se encontraba el cliente.

Así mismo quedó demostrado, cuando se recurrió al uso de redes sociales y ambientes virtuales para mantener presencia e impulsar el comercio y el intercambio, en buena parte de los casos apoyados en las personas que dominaban de manera particular esas herramientas y cuya experiencia y fortalezas en esas áreas no habían sido consideradas por la empresa en ningún momento antes de la pandemia.

Finalmente, todo esto quedó demostrado cuando la estructura física y rígida de la empresa se vio comprometida y destinada al cierre, si no se abría a un mundo que le exigía flexibilidad, confianza en su gente y la ampliación de su visión del liderazgo.

Resulta lógico suponer que no todas las empresas podían asumir una operación de manera virtual, no todas las cosas pueden hacerse —en la segunda década del siglo XXI—, a través de medios remotos, por lo que aquellas actividades que requerían de la presencialidad de manera permanente terminaron por producir el cierre de la empresa, vacaciones indefinidas y, en algunos casos, las condujo a declararse en banca rota.

Pero tales decisiones impulsaron la necesidad de repensar el negocio, de ampliar los horizontes, de explorar el acceso a las tecnologías que habían sido descartadas debido al formato de la presencialidad y a la relativa seguridad, control de la inversión y cuidado en los costes que ello representa.

No obstante, repensar el negocio también exigió reformular la manera en que la empresa debe interactuar con sus colaboradores, proveedores y clientes. Eso significó que no se podía depender del encanto que una conversación «persona a persona» imprimía en una transacción de compra-venta, o la comodidad de mostrar de manera directa y sin intermediarios las ventajas y bondades de un producto o un servicio.

En el caos

No obstante, repensar el negocio en teoría puede llegar a diferir en la práctica. Lo anterior hace referencia a que la empresa pudo haber encontrado formas de garantizar la operación, pero, como en todos los casos, depende de los clientes para que el ciclo de comercialización se complete.

¿Cómo llegar a los clientes en medio del caos?

Si bien la implementación de medidas de bioseguridad se acató de acuerdo a lo que cada país o región había comprobado o considerado como una posible forma de contener la propagación del virus y, en buena parte de los casos, las empresas se habían adelantado en el cuidado de su personal y la exigencia del cumplimiento de la normativa sanitaria, en el pico más álgido de la pandemia, la empresa tenía que llegar al cliente y no al revés.

Fue en este punto donde el paradigma dominante, en cuanto al liderazgo, comenzó a resquebrajarse, las condiciones de producción y ofrecimiento de servicios no era la acostumbrada, para algunas empresas la situación representaba un escenario jamás previsto y la manera en que se solía dirigir a los empleados parecía no ser la opción más óptima.

Se sabe que, independientemente que se hable de organizaciones planas u horizontales, el poder y la autoridad suelen mantener su condición de cascada, partiendo del punto más alto de la organización hasta debilitarse en la base.

Pero en un escenario imprevisto, donde el número de empleados tenía que ser el mínimo y las comunicaciones estaban restringidas a los servicios de mensajería instantánea —presentes en los teléfonos móviles—, o a las plataformas de comunicación remota, como las que ofrecen *Zoom* y *Meet* de Google, o bien, cualquier otra que estuviese presente en el mercado; en ese escenario no podían seguirse los protocolos tradicionales[4].

Ahora bien, lo anterior no debe interpretarse como una especie de estado de excepción donde los empleados, como consecuencia de la pandemia, estaban a la deriva y podían actuar según su criterio y omitiendo, desconociendo o ignorando el criterio de la empresa donde trabajaban.

Resulta utópico pensar que la congruencia propia de las responsabilidades laborales se hubiera perdido por causa de la cuarentena.

A lo que se hace referencia en este apartado, de manera directa, es a aquella advertencia que, a finales

---

[4] Cabe destacar que esto no aplica para todas las empresas y todas las operaciones que se realizan en ellas.

de los años 80 del siglo XX, realizó Joel Arthur Baker al hablar de la «regla del retorno a cero» [14].

Tal y como lo explica Joel A. Barker «*cuando un paradigma cambia todo el mundo vuelve a cero, (...) no importa cuán bueno sea en el viejo paradigma (...) sus éxitos pasados no garantizan nada*».

La pandemia representó un cambio de paradigma que sorprendió a propios y a extraños, haciendo que las empresas aceleraran su marcha y se actualizarán tan rápido como les fuera posible.

En ese abrupto proceso, las empresas quisieron mantener los esquemas tradicionales, como, por ejemplo, las interminables reuniones destinadas a conocer el estatus de proyectos, a establecer planes y/o evaluar y controlar algunas actividades.

Fue tal la presión que se impuso a los empleados que no tardó en surgir la palabra «*reuniditis*» [5] para describir el frenesí que la necesidad de mantener el control y la autoridad que mostraban los altos mandos frente a sus empleados a través de más y más reuniones virtuales que, en buena parte de los casos, resultaban innecesarias e interrumpían el flujo natural de la operación.

Para algunas empresas, la solución al problema del cambio de paradigma no estaba en el presente ni en el futuro, sino en el pasado.

No todas llegaron —algunas todavía no lo hacen— a la conclusión de implementar propuestas administrativas relativamente antiguas con una visión contemporánea y soportada en el uso de la tecnología presente.

---

[5] Observada como una patología organizacional donde reunirse por cualquier motivo es su principal síntoma

Por este motivo, las organizaciones más ágiles y flexibles —indistintamente de su tamaño y longevidad— dieron luz verde a la administración por objetivos, propuesta por Peter F. Drucker en 1954, más de 65 años atrás.

Los gerentes se percataron que las reuniones de seguimiento constante resultaban un desgaste innecesario para ellos, y en mayor medida, para su personal, el cual no sólo tenía que lidiar con las responsabilidades laborales en entornos remotos, principalmente en sus hogares, sino con la carga psicológica y social que ello significaba.

La administración por objetivos permitía, entonces, empoderar a los empleados y permitirles administrar su tiempo y su gestión con el único propósito de reducir las presiones innecesarias y facilitar el flujo del trabajo, siempre que se cumpliera con la meta y/o los objetivos en los tiempos y con la calidad esperada.

De manera espontánea los mismos trabajadores comenzaron a intercambiar ideas, soluciones y prácticas exitosas a través de medios electrónicos, reduciendo con ello el tiempo y el esfuerzo y otorgando mayor flexibilidad al momento de hacer el trabajo, sin darse cuenta estaban haciendo uso en la práctica de los equipos autodirigidos, una propuesta que supera los 40 años de haberse realizado.

Así mismo, en medio de la implementación de soluciones antiguas para problemas contemporáneos, el uso de la tecnología y la comprensión —en la práctica— de un concepto propio de la reingeniería como lo es "el dueño del proceso", o bien, la persona que realiza el proceso, lo conoce y lo gestiona de manera directa, sin necesidad de supervisión ni dirección, algo propio de mediados de los años 90 del siglo XX; comenzó a dar forma a la aparición de ese liderazgo expandido, de naturaleza colectiva, que terminaría por impulsar la sostenibilidad de la empresa.

Obviamente, las tres herramientas nombradas —equipos autodirigidos, la administración por objetivos y la reingeniería— no fueron las únicas en retomarse, algunas empresas comenzaron a hacer uso de técnicas tales como "el gerente al minuto" de Kenneth Blanchard y Spencer Johnson, propuesto en 1982, como una manera de hacer más eficiente las reuniones y reducir significativamente el tiempo que se invertía en ellas.

Así como la idea de un liderazgo colectivo había estado presente en el imaginario popular por décadas, algunas soluciones a los problemas que planteaba la pandemia habían sido propuestas poco más de medio siglo atrás y, simplemente, por mantenerse aferrados a la rutina, y a la zona de confort que ella genera, un importante número de empresas no las habían explorado hasta que las circunstancias lo exigieron.

Después del Caos

Si bien es cierto que ni la pandemia ni las secuelas de su presencia han pasado, puede decirse que la presión experimentada en el primer año de restricciones y aislamiento ha comenzado a flexibilizarse significativamente en el mundo entero.

Algunos países han decretado el cese del uso de las mascarillas al aire libre y otros, más osados, han abierto sus fronteras para impulsar nuevamente el turismo y ayudar en la reactivación de la economía, a pesar de la aparición de variantes más agresivas del COVID-19 como es el caso de la variante Delta.

El ansiado regreso a la normalidad, después de más de un año de controles para evitar la propagación del virus, ha sido un punto mucho más fácil de asimilar para la sociedad que para las organizaciones.

Mientras ya se observan eventos multitudinarios, personas en espacios recreacionales o comerciales, y algunos otros beneficios de lo que se entiende como parte de la *normalidad*, las empresas han comenzado a experimentar uno de los más grandes desafíos desde la aparición de la pandemia: *el retorno de los empleados a las oficinas.*

Como ya se señaló, la generalización del trabajo remoto representó, más allá de una estrategia o bien de una evolución de la actividad laboral; una solución eminentemente práctica —y en algunos casos obligada— a lo que se observó como una situación pasajera. Cabe recordar que algunos jefes de Estado calificaron al virus del COVID-19 como una simple gripe.

Pero la flexibilización de las operaciones de la empresa, el empoderamiento del personal, la visión colectiva del liderazgo, el ejercicio de la autogestión y, sobre todo, la autonomía que todo ello aporta a los empleados, permitiéndoles libertades que el trabajo presencial suprime, así como incrementando su calidad de vida, todo eso, en conjunto, no pareciera ser algo que la mayoría de los trabajadores considera pasajero y momentáneo.

A poco más de una década de comenzar a hablarse del salario emocional, lo que incluye, por cierto, la flexibilización de los horarios y con ello el tiempo que se dedica a realizar una labor; ahora, como consecuencia de la extendida cuarentena, por más de un año, los empleados tuvieron la oportunidad de experimentar los beneficios de trabajar sin necesidad de estar sujetos a los esquemas tradicionales del ambiente laboral y presenciaron cómo eso se tradujo en menor estrés [6] y mayor productividad. *¿Cómo renunciar a todo eso?*

Antes de responder a esa pregunta es importante destacar que algunas empresas mostraron su

---

[6] Al parecer, el estrés disminuye cuando las personas son organizadas y administran el tiempo de tal manera que pueden realizar sus labores sin afectar su vida social o familiar. Cuando este tipo de organización no existe, o se poseen manejan más responsabilidades de las que se pueden llevar a cabo, el estrés tiende a aumentar.

disposición para mantener a sus empleados trabajando bajo el paradigma que la nueva realidad había forjado.

Si bien esa decisión no puede ser vista como una expresión de altruismo y mucho menos como el genuino interés por mantener felices a sus colaboradores en cada uno de los casos, ya que, administrativamente hablando, las empresas que impulsan el trabajo remoto ahorran enormes cantidades de dinero gracias a la reducción del consumo de servicios, productos e insumos, como consecuencia de la ausencia de los empleados cuya presencialidad no es determinante para mantener la operación; puede decirse que se percataron de la relación que existe entre la felicidad de los empleados y la productividad[15].

Esas empresas advirtieron la significativa transformación que habían experimentado las expectativas de sus empleados al trabajar de forma remota, y bajo las condiciones de autogestión antes explicadas, que decidieron adoptar esa práctica mientras la misma fuese redituable.

El caso de Amazon es uno de los más interesantes. En algún momento entre junio y julio de 2021, esta monumental empresa pensó en solicitar el regreso de su personal a las oficinas, para luego extender el beneficio del trabajo remoto hasta principios de 2022, mientras evaluaba el comportamiento de la pandemia y las consecuencias de la variante Delta[16].

Mientras empresas como Google, un ejemplo indiscutible de las compañías que se dedican a expandir el universo virtual y el comercio electrónico, ha sido, contra todo pronóstico, una de las primeras compañías en exigir el retorno de su personal a la presencialidad bajo pena de enfrentar reducción en sus salarios de insistir mantenerse en un formato remoto [17], lo cual se ha observado como una práctica para desestimar la preferencia por esta modalidad y recurrir a los esquemas previos a la pandemia.

Esta acción contradice, de manera significativa, los avances que en materia laboral y de liderazgo, se han experimentado como consecuencia de la extensa cuarentena y, a la vez, puede ser observado como una parte de lo que significará la tercera etapa prevista del caos y su influencia en lo que se entenderá como un estado de turbulencia.

No parece prudente que la etapa posterior al caos se asimile como el fin de una dura y fuerte tormenta causada por un huracán, la cual sólo exigirá reconstruir lo que haya sido dañado durante su paso, para después continuar como si jamás hubiese ocurrido un desastre.

La etapa después del caos exige y continuará exigiendo una postura flexible, abierta y disruptiva, orientada a sacar provecho del paradigma emergente y hacer uso de las pocas cosas que puedan utilizarse del paradigma superado.

Es posible que aferrarse a lo que fue —a como siempre se han hecho las cosas—, permita que algunas empresas se mantengan en pie por algunos años más, pero no garantizará su permanencia, en especial porque serán incapaces de superar la turbulencia.

La turbulencia

Se debe entender por turbulencia al estado de ajuste entre el paradigma saliente y el paradigma entrante, en otras palabras, entre la visión del liderazgo unipersonal, lineal y establecido frente al liderazgo colectivo, multidimensional y expandido que ha surgido como consecuencia de la pandemia.

En esta etapa las empresas tendrán dos resultados posibles, pero no permanentes, el primero de ellos estará representado por el retorno al formato pre-pandemia donde los empleados dedicaban ocho o más horas a la empresa, sin sumar a ello las horas que diariamente pierde en traslados y otras actividades relacionadas. Donde el líder impuesto por la línea de mando, el orden jerárquico o las condiciones contractuales, establece las reglas y supervisa su cumplimiento.

En ese escenario, a pesar de ser algo conocido, se obvia la experiencia remota experimentada por más de un año de varios de los trabajadores que ahora observan con increíble precisión qué cosas no son necesarias hacer desde la oficina y cuáles otras pueden adecuarse para hacerlas de forma remota.

Obligados a mantener el paradigma saliente, los empleados se mantendrán en sus puestos a la espera de una oportunidad que ofrezca disfrutar de esquemas híbridos o 100% remotos, por lo que el nivel de atención, compromiso, identificación, interés y productividad se verán afectados en el mediano y largo plazo.

Es simple, nadie que haya probado algo mejor se conformará con lo que considera bueno, y menos si sabe que puede acceder a lo mejor en cualquier momento[7].

---

[7] Esto depende del tipo de empresa y de la actividad que se realice en ella, si es o no susceptible a ser ejecutada de forma remota.

Ante esa realidad las empresas comenzarán a impulsar todo tipo de artilugios para retener al personal, sin que el trabajo remoto sea una de las atracciones principales, gastando tiempo, dinero y esfuerzo en actividades y programas que no lograrán sustituir la autonomía, la autogestión y el liderazgo colectivo experimentado durante la pandemia.

Por lo tanto, más temprano que tarde, se verán forzados a ofrecer paquetes que incluyan el trabajo remoto, no como un beneficio, sino como una modalidad permanente para los cargos que así lo permitan.

De lo contrario se enfrentarán a una versión extendida de «la gran renuncia»[8] y experimentarán un incremento significativo en la rotación de su personal, el cual se será seducido por las empresas

---

[8] Incluso sin tener otras alternativas de empleo, tal y como lo reseña la página *Business Insider* «I'm quitting my job this week without another one lined up» (Renuncio a mi trabajo esta semana sin otro en fila) [19]

que impulsarán el trabajo remoto y, con ello, el nuevo liderazgo.

En el segundo escenario la situación tampoco será sencilla de enfrentar.

Las empresas que adopten la modalidad remota deberán invertir tiempo, dinero y esfuerzo en mantener los lazos emocionales con sus empleados, sin que tengan que asistir de manera presencial a eventos y actividades y sin que tales eventos afecten, distorsionen o los distraiga de la autonomía que el trabajo remoto les otorga.

El desarrollo de esquemas más complejos de salario emocional [9] serán necesarios, ya que el empleado estará gozando de un conjunto de libertades que los esquemas tradicionales eran incapaces de dar, por lo que el salario emocional deberá dirigirse

---

[9] Se entiende como los beneficios no económicos que un empleado puede disfrutar en determinados momentos, y está destinado a la retención del talento humano en las empresas.

principalmente a esquemas asociados a la salud, el entretenimiento y la formación, tanto del trabajador como de sus allegados para así mantener e incrementar su fidelidad y compromiso con la empresa.

No obstante, a pesar de los esfuerzos, será imposible para esas empresas, impedir que sus empleados accedan a otras fuentes de trabajo bajo esquemas remotos.

Una vez que los tiempos exigidos por cada uno de los procesos de una operación se hayan cubierto, quedará un espacio lo suficientemente amplio y flexible para realizar otras labores, tal vez menos complejas, dichas labores significarán un ingreso adicional a los empleados, un beneficio que el trabajo presencial no permite disfrutar debido a que existe un compromiso contractual que obliga a los empleados a dedicar —al menos— ocho horas a la empresa, de manera exclusiva.

Sin embargo, al trabajar en un formato remoto ese compromiso se puede desdoblar y dar paso a una extensión de las libertades laborales permitiendo al empleado ejercer más de un trabajo a la vez y con eso obtener más ingresos de los que ganaría en el formato tradicional.

En un reportaje publicado por *The independent* —en agosto de 2021— se explica cómo, secretamente, algunos empleados logran generar importantes ingresos adicionales gracias a la flexibilidad que ofrece trabajo remoto. [18]

Con base en lo anterior, es posible sospechar que, en algunos casos, los empleados que se atreven a poseer más de un trabajo en modalidad remota, logran conseguir ingresos adicionales, siendo lo más probable que ajusten a la mitad de lo que mensualmente reciben en sus empleos formales o cantidades similares a las que estos últimos les pagan.

No obstante, aun así, esto es sólo la punta del iceberg en lo que concierne la turbulencia.

Con un mercado creciente en materia de empleos remoto, una demanda superior de este tipo de servicios y una población decidida a mantener su autonomía y las libertades que la pandemia les permitió disfrutar, a pesar del aislamiento social, el reto del nuevo liderazgo se concentrará en la creación de comunidades de cooperación, orientadas al cumplimiento de objetivos y metas más allá de la relación empleado-empresa que se sostenía antes de la turbulencia, en los países donde puede encontrarse esta condición.

Esas comunidades requerirán de estrategias de identificación y vínculos emocionales basados en planes de atracción y retención que aún no han sido pensados y cuya efectividad determinarán quienes regirán el futuro del empleo y la productividad en las próximas décadas.

Por supuesto, habrá empresas —dentro de las que podrían abrazar estos cambios— que no considerarán necesario sucumbir ante la turbulencia y se mantendrán firmes en sus estilos de dirección y gestión humana, así como todavía existen personas que escuchan música en discos de vinilo, en una era 100% digital, o prefieren comprar una película en Blue-Ray para incrementar sus videotecas, mostrándose reacios al consumo de contenidos por *streaming*.

La turbulencia se puede asimilar a otros periodos de la historia, como lo fueron la revolución industrial, en donde, a pesar de la popularidad que comenzaron a tener las máquinas, todavía existían personas que se negaban a hacer uso de ellas o, puede decirse, que se asemeja al proceso de cambios y transformaciones que sufrió la industria, la administración y el comercio después de la segunda guerra mundial, cuando hablar de calidad total parecía más una moda administrativa que una exigencia que determinaría el desarrollo y comportamiento de la industria en desde la segunda mitad del siglo XX hasta ahora.

Durante la turbulencia, el nuevo liderazgo habrá de sufrir ajustes y redefiniciones, tendrá detractores y adeptos, así como un número importante de personas que lo omitirán, ignorarán, o simplemente, lo desconocerán. Pero nada de eso evitará los cambios que el nuevo liderazgo ya ha introducido en la sociedad, las organizaciones y las empresas, por lo que será inevitable enfrentarse a él y aprovechar su empuje hasta que una nueva fuerza impacte en nuestra manera de ver y entender el mundo y nos impulse a realizar otros cambios.

Buscando en el pasado, puede decirse que, en 1996, Francisco Manrique., a través de su obra «Un cambio de época, no una época de cambios», se adelantó, al menos al expresar su genuino interés por una redefinición del liderazgo y la importancia de hacer frente a los eventos que se proyectaban al finalizar el siglo XX; a los retos que la humanidad, la sociedad y la empresa están experimentando como consecuencia de la pandemia.

Tal y como puede inferirse del título de la obra de Manrique, el periodo post COVID-19 no puede considerarse como parte de una época de cambios, por el contrario, ha significado un genuino cambio de época, donde la manera en que se observa, se entiende y se ejerce el liderazgo jamás volverá a ser la misma.

RF
Reflexiones finales

No puede ser ignorado que el mundo vive una época de constantes cambios, ya sean políticos, económicos, sociales, culturales y tecnológicos.

Dichos cambios han modificado notablemente los modelos de organización, gestión y dirección de las empresas, por lo que suponer un cambio en la visión que se posee del liderazgo resulta muy lógico y racional.

En la actualidad, las organizaciones se enfrentan a nuevos retos que no pueden resolverse con la mentalidad, ni las herramientas empleadas hasta ahora, tal y como lo dijo Albert Einstein:

> *No podemos resolver problemas pensando de*
> *la misma manera que cuando los creamos*

Es por ello que académicos y directivos de empresas estudian continuamente las causas del éxito o fracaso en las empresas y buscan constantemente fórmulas que les permitan describir la mejor manera de repetirlos o evitarlos, respectivamente.

Ahora bien, la pandemia del COVID-19 no ha sido la única crisis que se ha enfrentado en el siglo XXI y la que ha originado cambios significativos en los paradigmas dominantes en el campo administrativo y empresarial.

Por ejemplo, la crisis financiera global de 2008, causada por el estallido de la burbuja inmobiliaria, supuso una grave crisis económica con fuerte destrucción de empleo, inestabilidad de los mercados de capitales y quiebra de empresas y entidades financieras.

Esa grave crisis económica dio paso a una nueva época de grandes cambios simultáneos en los mercados globales, las economías, las sociedades y, en especial, en las costumbres asociadas al empleo y a los aspectos administrativos. Todo ello supuso que las empresas comenzaran a trabajar en entornos volátiles, inestables, inciertos, complejos, ambiguos y hostiles.

Bajo estas circunstancias, las empresas cambiaron la forma de hacer negocios y la relación con sus empleados.

Cabe recordar que el impacto de los cambios producidos por esa crisis redefinió el concepto de trabajo y conllevó una pérdida de confianza en el sistema, transformando la visión que se tenía del mismo e impulsando nuevas perspectivas y escenarios para hacerle frente.

En 2019, poco más de una década después, cuando parecía que se volvía a la normalidad y se salía a duras penas de la fuerte crisis del 2008, apareció el coronavirus, modificando notablemente la forma de vivir y las relaciones que generalmente se llevan a cabo con las demás personas, empresas e instituciones.

Esto ha ocasionado que las empresas se concentren en la identificación de problemas a los que se enfrentan y a desarrollar habilidades para adaptarse, del mejor modo posible, a las nuevas exigencias del entorno en el que operan.

En ese contexto, la obtención de ventajas competitivas sostenibles en el tiempo se encuentra directamente relacionada con la adecuada gestión de talento y la aparición de personas —sí, en plural— capaces de liderar las organizaciones con acierto.

En muchas ocasiones, la ausencia de liderazgo es un obstáculo que dificulta la implementación de estrategias exitosas y, en otras ocasiones, ha sido la visión unipersonal del liderazgo la que conlleva a ello.

En la situación en el que se encuentra la sociedad contemporánea, parece necesario realizar una profunda reflexión para solventar los problemas que enfrenta y construir escenarios que propicien el desarrollo y el crecimiento sostenible.

Hoy en día, se experimenta una sociedad líquida, en la que solo importa lo inmediato, en la que imperan las modas del momento. Puede decirse que la sociedad carece de referencias permanentes y, a causa de ello, se impone un *relativismo moral* en la toma de decisiones.

Sin embargo, la imagen del líder unipersonal ha persistido hasta el presente, hasta que la pandemia causada por el COVID-19 impulsó, de manera espontánea, un cuestionamiento sobre su validez en el siglo XXI.

Sin duda, en estos momentos, es más necesario que nunca contar con personas que posean principios y valores positivos e inspiradores, capaces de liderar las organizaciones y de recuperar la confianza perdida.

Líderes dispuestos a construir una sociedad mejor, introduciendo criterios de responsabilidad social en sus operaciones, trabajando en equipo y desterrando las individualidades.

Es por ello que la visión propuesta del nuevo liderazgo debe armonizar los intereses e ideas de todos los integrantes de la organización, consiguiendo que sus colaboradores se identifiquen con los objetivos de la empresa y actúen para su consecución.

Así mismo, esa figura compuesta por un liderazgo compartido, múltiple y coherente, debe influir en las actitudes y opiniones, debe modelar las acciones deseadas e inspirar decisiones sin ejercer un poder necesariamente jerárquico.

Como ya se ha señalado, el poder del nuevo liderazgo no está asociado a cargos, sino que es el resultado de la confianza y coincidencia que posee con todos sus seguidores, los que ven en esa figura un ejemplo a imitar, por su experiencia, conocimientos y capacidad de ilusionar y transmitir confianza.

Quienes practiquen la nueva visión del liderazgo, expuesta en este libro, deben ser eficientes, deben saber inspirar tanto a personas como instituciones, transmitiendo confianza, sabiendo delegar responsabilidades, reconociendo méritos, facilitando la participación de todos en la toma de decisiones, promoviendo la formación y el desarrollo personal, vinculando la remuneración y promoción con base en los resultados y, finalmente, estimulando la creatividad.

Hoy en día las organizaciones y la sociedad necesitan líderes que den la talla, capaces de sacar lo mejor cada uno de sus seguidores y/o colaboradores. Si esto se consigue, esta nueva visión del liderazgo permitirá tanto a la sociedad como a las empresas disfrutar de un futuro mejor.

Ahora bien, se hace necesario reflexionar sobre los siguientes aspectos:

1) El pensamiento y la visión del liderazgo se mantuvo bajo una misma línea hasta mediados del siglo XX, cuando se inició un cambio significativo en su conceptualización, ejercicio y entendimiento, por lo que toda propuesta que pueda agregar valor al significado de líder —o líderes— que impulsen el crecimiento y el desarrollo de la sociedad, las empresas, las comunidades o cualquier institución humana, debe ser estudiada y considerada.

2) Presentar una visión crítica al liderazgo contemporáneo, independientemente de la posición que se posea, permitirá ir generando

esas propuestas que se requieren para innovar en el campo de la dirección y la gerencia, permitiendo a las nuevas generaciones experimentar un ejercicio del liderazgo más inclusivo, participativo, equilibrado y objetivo. La visión unipersonal del liderazgo no desaparecerá de noche a la mañana, pero, así como otros paradigmas en desuso, se observará la figura de un líder único como algo del pasado y propio de la mitología y cultura de una época superada.

3) El próximo liderazgo, expuesto en esta obra como el *nuevo liderazgo*, no es una propuesta utópica, existe y puede ser observado de manera intuitiva en varias de las organizaciones que encontraron en esa práctica una manera de delegar, empoderar y compartir responsabilidades. No será un paradigma que se propague en todas las empresas y organizaciones, pero estará

presente en varias de ellas, haciéndose un lugar en estilos de dirección que, en un futuro cercano, serán una alternativa digna de ser considerada.

4) La pandemia causada por el COVID-19 a principios del siglo XXI ha sido el detonante de cambios sociales, culturales, empresariales y organizacionales que pudieron estar en desarrollo y, por causa de ella, tuvieron que ser implementados con mayor rapidez y corriendo los riesgos propios de la incertidumbre. Esto no es nuevo. Se han observado cambios significativos después de la revolución industrial, la primera guerra mundial, la gripe española, la segunda guerra mundial, la llamada guerra fría, el final de la guerra fría, la crisis inmobiliaria de 2008 y, de seguro, después de la crisis económica que China sufre en el 2021.

Todos esos cambios han permitido la evolución del pensamiento humano, de su manera de ver y entender al mundo y, por lo tanto, están cambiando la manera en que se debe observar y ejercer el liderazgo.

Lo anterior responde sólo al seguimiento de una línea lógica de pensamiento que persigue abarcar, en unas pocas líneas, lo que ha sido y será —sin duda— parte de esa historia que constantemente se escribe y se reescribe en torno a la sociedad, la cultura, la empresa y la manera en que se organiza para dar cabida al liderazgo y a la manera en que cada entidad espera que éste sea ejercido.

Sin duda se puede rastrear parte del principio de esa historia, pero será difícil llegar a conocer su final.

Así como cada situación en el pasado logró transformar las bases del pensamiento administrativo dándole formas que hoy se pueden distinguir, serán varios los acontecimientos que impactarán su trama en el futuro, creando a su paso nuevas realidades y, tal vez, nuevas formas de ver y entender el liderazgo.

GT

GLOSARIO DE TÉRMINOS

- **Competencia**: Habilidad o destreza que posee el individuo o que desea poseer. Usualmente se puede ser desarrollada y/o fortalecida.
- **Escenarios Irreales**: Son aquellos escenarios que contemplan soluciones que no están previstas entre los límites del problema, pero que puedan dar respuesta al mismo, al ofrecer una opción o intervenir en la toma de decisiones al momento de estudiarse, siendo ésta totalmente posible de realizar o concretarse.

Véase: *Revista Espacios. Vol. 40. N° 3. Año 2019. Página 12.*

- **Empowerment**: Palabra del idioma inglés traducida como empoderamiento. La acción de dar o ceder poder a terceros para la toma de decisiones o ejecución de acciones.
- **Paradigma**: Línea de pensamiento preestablecida que determina la forma de ver, entender y actuar.
- **Reingeniería**: Herramienta gerencial y administrativa que se popularizó en los años 90 del siglo XX y que consistía principalmente en repensar el negocio y sus procesos a la luz de la tecnología existente, procurando con ello reducir tiempos y costes e incrementar la calidad de los resultados.

FC
FUENTES CONSULTADAS

[1] Gilgamesh, de la enciclopedia en línea http://enciclopedia.us.es/index.php/Gilgamesh

[2] La Epopeya de Gilgamesh de la National Geographic. Sección Temas / Mitología

https://historia.nationalgeographic.com.es/a/epopeya-gilgamesh_6746

[3] Protagonistas del Ramayana Textos Antiguo

https://www.viajeporindia.com/protagonistas-ramayana-viaje-india/

[4] Historia de China: Dinastía Xia (2.205 a 1.766 a.C.)

http://www.uchina.com.ar/blog/2008/04/22/historia-de-china-dinastia-xia-2205-a-1766-ac/

[5] Civilización Inca

https://enciclopediadehistoria.com/cultura-inca/

[6] Biografía de César Augusto, el primer emperador

https://redhistoria.com/biografia-de-cesar-augusto-el-primer-emperador/

[7] 10 consejos de liderazgo de Richard Branson

https://www.expoknews.com/10-consejos-de-liderazgo-de-richard-branson/

[8] Las 10 competencias del líder intergeneracional

https://www.equiposytalento.com/noticias/2020/05/19/las-10-competencias-del-lider-intergeneracional

[9] 10 habilidades que requiere el líder de la actualidad

http://www.hlghunters.com/blog/98-10-habilidades-lider-actualidad

[10] Las siete cualidades de liderazgo más importantes

https://www.michaelpage.es/advice/empresas/consejos-de-iniciacion-del-personal/cualidades-de-liderazgo-mas-importantes

[11] "La Gran Renuncia": por qué los trabajadores en Estados Unidos están dejando sus empleos a un ritmo récord

https://www.bbc.com/mundo/noticias-57645362

[12] Los empleados que se resisten a volver a la oficina pese a los llamados de sus jefes

https://www.bbc.com/mundo/vert-cap-57476762

[13] Las muertes por COVID-19 en todo el mundo serían entre 6,8 y 10 millones, dos o tres veces superiores a las reportadas

https://news.un.org/es/story/2021/05/1492332

[14] Descubriendo el Futuro: Los Paradigmas. Minuto 23:52. Video de Películas Mel. Registration #5606. 1989.

[15] Los empleados felices ¡son más productivos!

https://connectamericas.com/es/content/los-empleados-felices-%C2%A1son-m%C3%A1s-productivos

[16] Amazon retoma el trabajo presencial en 2022

https://observadorlatino.com/economia/amazon-retoma-el-trabajo-presencial-en-2022/

[17] Teletrabajar bajará el sueldo de los empleados de Google: así funciona su calculadora que pueden aplicar otras empresas

https://www.eleconomista.es/economia/noticias/11

356040/08/21/Teletrabajar-bajara-el-sueldo-de-los-empleados-de-Google-asi-funciona-su-calculadora-que-pueden-aplicar-otras-empresas.html

[18] Some people are secretly doing multiple salaried jobs while working from home – and earning up to $600k – The Independent

https://remotefreelancerjobs.com/2021/08/20/some-people-are-secretly-doing-multiple-salaried-jobs-while-working-from-home-and-earning-up-to-600k-the-independent/

OTROS LIBROS DISPONIBLES

Disponible en amazon

Conozca más de 30 temas, en su mayoría conformado por propuestas y teorías propias del autor, para transformar el mundo administrativo y gerencial

Disponible en amazon

Descubra cómo saltar con éxito a un mejor escenario y conviértase en un saltamontes

OTROS LIBROS DISPONIBLES

Una ley que explica cómo funciona el cerebro cuando nos planteamos una meta y nos esforzamos por alcanzarla

Conozca 30 temas, en su mayoría conformados por propuestas y teorías propias del autor, para transformar el mundo administrativo y gerencial y reflexionar sobre él

OTROS LIBROS DISPONIBLES

Disponible en
amazon

Los aspectos más importantes de las PyMEs presentados de una manera sencilla y pragmática

Disponible en
amazon

12 tenas que exploran la estrecha relación entre el cumplimiento de los sueños de los empleados y el éxito de las empresas

OTROS LIBROS DISPONIBLES

Un relato fantástico que explora e identifica las competencias blandas de sus lectores

5 historias para entretener a los niños y hacer reflexionar a los adultos

OTROS LIBROS DISPONIBLES

1001 aforismos, frases, afirmaciones, confesiones y/o reflexiones

SINCRONISMO

La primera versión de este libro se terminó de escribir el 22 de agosto de 2021, aproximadamente a las 4:50 pm.

Entre el 22 de septiembre y el 3 de octubre, el contenido de este libro fue sometido a revisiones, ajustes y mejoras.

Su publicación se programó para ser realizada el 6 de octubre de 2021.

Revisando publicaciones relacionadas con los cambios causados por el coronavirus, se encontró un artículo publicado por la revista *entrepreneur.com* fechado el 4 de octubre y titulado: *Cambio de liderazgo empresarial: las nuevas habilidades que debe dominar*, donde explican, entre otras cosas, que: «*Para sobrevivir a los últimos 19 meses de volatilidad, incertidumbre, complejidad y ambigüedad (...), las organizaciones tuvieron que realizar ajustes cruciales en su estructura interna, sus operaciones, sistemas, comunicación, estrategias y en su equipo pero, sobre todo, de manera radical, transformaron su liderazgo*». Y destacan que «*los líderes tuvieron que cambiar de mentalidad [y] modificar estructuras tradicionales*»; lo cual coincide con un planteamiento presente en este libro, cuando sostiene que la pandemia causada por el COVID-19 trasformó la manera de ejercer el liderazgo. Es pertinente destacar que el artículo no está relacionado con la temática que se aborda en este libro, sin embargo, es grato encontrar este tipo coincidencias con los análisis y las reflexiones que, como autor, uno realiza al desarrollar una obra.

Véase: https://www.entrepreneur.com/article/389191

Están disponibles conferencias, cursos y talleres para empresas e instituciones —y para todo público—, sobre este y otros temas

Siga y/o contacte a Félix Socorro

a través de Twitter e Instagram

@felixsocorro

Encuéntrelo también en otras

redes sociales

www.ingramcontent.com/pod-product-compliance
Lightning Source LLC
Chambersburg PA
CBHW020650220526
45464CB00001B/373